Wolfgang Gückelhorn

7. März 1945
Das Wunder von Remagen

Zeitgeschichtlicher Führer zu den Ereignissen, die im März 1945 Kriegsgeschichte machten

Helios

Warum militärische Zeitgeschichte?

Zeitgeschichte ist als Teil der allgemeinen Geschichte insoweit immer auch Gesellschaftsgeschichte, als sie alle sozialen Schichten einer staatsorientierten Nation umgreift. Sie kann sich also nicht auf die Darstellung militärtechnischer Vorgänge in ihren taktischen und strategischen Zusammenhängen und Einzelheiten beschränken oder gar darin erschöpfen. Moderne Streitkräfte erweisen sich mehr denn je als Instrumente der politischen Führung.

Soweit militärische Zeitgeschichte sich auf die deutsche Wehrmacht des sogenannten Dritten Reiches bezieht, bedarf es insbesondere einer kritischen Interpretation der **nationalsozialistischen totalitären Gewaltherrschaft** in ihrem Zugriff auf das „Volk in Waffen". Die Doppelrolle von Soldaten als „Opfer" und „Täter" muß dabei nüchtern in den Blick genommen werden, aber auch die Verzahnung von Wehrmacht und nationalsozialistischer Herrschaft. Die **Ablehnung einer wie auch immer strukturierten Verherrlichung des NS-Regimes** ist Konsens der Verlagsarbeit. Darüber hinaus orientiert sich der Helios-Verlag an der von Leopold von Ranke formulierten Prämisse, wonach der Historiker die Aufgabe habe, historische Vorgänge und Abläufe zu erklären, „wie es gewesen" ist. Die Komplexität der Themenstellungen schließt für den Helios-Verlag auch die engagierte Thematisierung der **Vernichtung jüdischer Kultur und jüdischen Lebens, aber auch anderer Minderheiten im NS-Regime, mit ein**.

„Kritische Objektivität" bedeutet in diesem Zusammenhang, ein differenziertes Bild der militärischen Massengesellschaft unter Einbeziehung ereignis-, politik-, organisations- und strukturgeschichtlicher Überlegungen aufzuzeigen.

Bildbeschreibung der Titel- und Rückseite:
Hintergrundillustration Titelseite: Lagekarte des III. US Corps am Abend des 7. März 1945 [5]
Foto oben: Das Erpeler Ufer im Bereich der Ludendorffbrücke am 7. März 1945 [2]
Foto unten: Die eingestützte Ludendorffbrücke nach dem 17. März 1945 [3]
Divisionszeichen (v.o.n.u.) 99. [6], 9. US InfDiv, 9. US PzDiv, 78. US InfDiv,
Rückseite, oben: Truppenverstärkungen für den Brückenkopf rollen über die Ludendorffbrücke [2]
Rückseite, unten: amerikanische Flak-Stellung mit 12,7 mm Fla-MG und 40 mm Flak an der Ludendorffbrücke [2]

Impressum

Helios Verlags- und Buchvertriebsgesellschaft
Postfach 39 01 12, 52039 Aachen
Tel.: (02 41) 55 54 26; Fax: (02 41) 55 84 93
eMail: Helios-Verlag@t-online.de
www.helios-verlag.de
Bitte fordern Sie beim Verlag aktuelle Informationen zu lieferbaren Titeln an.

Printed in Serbia

ISBN 978-3-938208-65-6

Inhalt:

Vorwort

Wir freuen uns, dass das Buch „7. März 1945 – Das Wunder von Remagen“ jetzt erscheinen wird.

Es berichtet, was wenige Tage vor dem 7. März 1945 und kurz danach geschah und über den ungeplanten, erfolgreichen Übergang der amerikanischen Truppen über die Remagener Rheinbrücke.

Wir, die Betreiber des Friedensmuseums in den erhaltenen Türmen der ehemaligen Brücke auf der Remagener Seite des Rheins, sind froh, dass es noch einmal ein solches Buch in Deutsch gibt, das so präzise dieses Kriegswunder beschreibt.

Ohne dieses Wunder hätte der Zweite Weltkrieg bestimmt deutlich länger gedauert, vielleicht wären auch Atombomben auf deutsche Städte gefallen, die Russen wären wahrscheinlich bis an die Weser gekommen, eventuell bis an den Rhein vorgerückt und vielleicht hätten wir dann nie eine deutsche Wiedervereinigung bekommen.

Weil es das Wunder von Remagen gab, ist es äußerst spannend, über diesen dramatischen, ungeplanten Kriegsabschnitt mit genauen Details lesen und dabei sehr bekannte und auch bisher weniger oft veröffentlichte Fotos betrachten zu können.

Remagen, den 24. November 2007
Hans Peter Kürten
Gründer und Vorsitzender des Vereins
Friedensmuseum Brücke von Remagen e.V.

Die Lage an den Fronten Ende Februar 1945

An allen Fronten in Europa war die Lage für das Deutsche Reich, seine Wehrmacht und die Bevölkerung katastrophal. Jeder weitere Tag in der aussichtslosen Kriegsführung brachte unverantwortliche Verluste an Menschen und Zerstörung der Infrastruktur in Deutschland.

Im Osten stand die Rote Armee an der Oder und bereitete sich auf den Übergang vor, um die Reichshauptstadt Berlin zu erobern. Ostpreußen war fast und Oberschlesien ganz verloren. Im Südosten tobten heftigste Kämpfe in Ungarn, das die deutsche 6. SS Panzer-Armee vergeblich gegen einen überlegenen Gegner zu verteidigen versuchte. Budapest musste aufgegeben werden und Wien war bedroht.

Im Süden stand die 15. alliierte Heeresgruppe an der Poebene und hatte damit einen großen Teil des ehemals verbündeten Italien befreit.

In Nordnorwegen kämpften wenige Divisionen hinhaltend gegen die Rote Armee.

Der Westwall war an vielen Stellen durchbrochen und nur schwache Kräfte lagen in Stellungen und Bunkern im Bewusstsein, einem stärkeren Angriff nicht mehr abwehren zu können.

Die Verbände der Wehrmacht waren personell so dezimiert, dass z.B. eine Volksgrenadierdivision nur noch ein Fünftel der Sollstärke von ursprünglich 10.500 Soldaten hatte. Insbesondere der Mangel an kampferprobten Infanteristen führte dazu, dass die Kommandeure selbst ihre Divisionen nur mit dem Prädikat „zur Verteidigung kaum noch geeignet“ bewerteten.

Nr. 314, Sonnabend, 24. Februar 1945 — NACHRICHTEN FÜR DIE TRUPPE

Amerikaner greifen an

Im ersten Ansturm in Düren-Stadt eingebrochen

IN einer neuen Offensive zwischen Roermond und Düren haben die Amerikaner gleich im ersten Ansturm in breiter Front die Roer überschritten und stossen mit starken Kräften in die Ebene von Köln.

Schwärme von Schlachtfliegern, Jagdbombern und Kampfflugzeugen unterstützen den Angriff der Amerikaner.

Schwerste Kämpfe sind in Düren im Gange, wo die Amerikaner nach der Über-

Lage an den Fronten im Westen und Osten am 24. Februar 1945

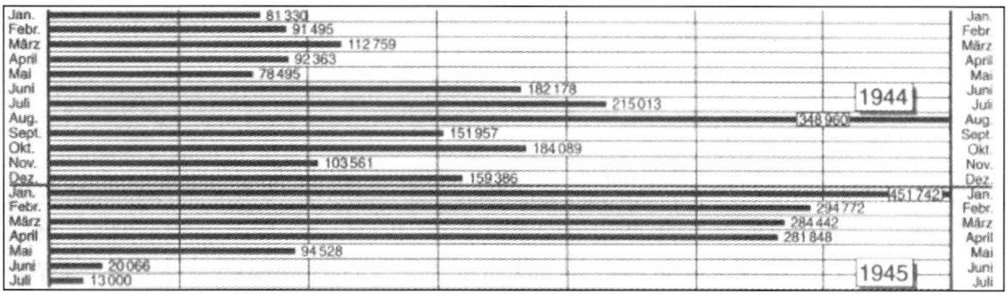

Verluste der Wehrmacht durch Tod der Soldaten von Januar 1944 bis Juli 1945
Quelle: Militär- Geschichtliches- Forschungs- Amt (MGFA), Potsdam

Die Qualität der kämpfenden Truppe war allein schon dadurch geschwächt, dass Soldaten der Luftwaffe und Marine als Infanteristen eingesetzt werden mussten. Entsprechend hoch waren die Verluste bei den Rückzugskämpfen.

Die Ausstattung mit Waffen, Munition und Fahrzeugen war nach der gescheiterten Offensive in den Ardennen so stark reduziert, dass die Artillerie für jeden Schuss bei ihrem Kommandeur eine Genehmigung einholen musste. Die Ausstattung mit Zugmitteln gerade für die Artillerie war so abgesunken, dass ein Großteil der Geschütze von Pferden gezogen werden musste. Ein allgegenwärtiger Mangel an Treibstoffen für die Zugmaschinen führte dazu, dass ganze Batterien und Abteilungen während des Rückzuges einfach liegen blieben.

Die persönliche Ausstattung der Soldaten hinsichtlich Uniform und Unterwäsche war sehr mangelhaft. Die Verpflegung der Truppe und der Zugpferde ließ zu wünschen übrig. Erschwerend kam Anfang 1945 das feuchtkalte Winterwetter hinzu. All das und eine ständige Bedrohung durch feindliche Jagdbomber und Artilleriefeuer hatten eine sehr schlechte Kampfmoral zur Folge. Jeder wollte nur noch überleben. Die Verluste der Wehrmacht summierten sich allein im Februar 1945 an allen Fronten auf 294.772 Gefallene und ein Vielfaches an Verwundeten.

Der strategische Bombenkrieg der Westalliierten hatte Deutschlands Städte, Industrie und Infrastruktur in Schutt und Asche gelegt.

Wirtschaftlich war das Deutsche Reich zu diesem Zeitpunkt längst am Ende. Rüstungsminister Albert Speer meldete seinem „Führer“ im März 1945 den baldigen Zusammenbruch der deutschen Wirtschaft und damit auch der Fähigkeit, den Krieg fortzusetzen.

Hitler erließ am 19. März 1945 den berüchtigten „Nerobefehl“, dem zu Folge die Truppe beim Rückzug dem Feind nur „verbrannte Erde“ zurückzulassen habe – ohne Rücksichtnahme auf die Bevölkerung. ...

Koblenzer Altstadt nach den Bombenangriffen des II. Weltkrieges, rechts oben die Mosel [3]

Wie war Remagen geschützt?

Im Juni 1944, kurz nach der Invasion in der Normandie, stellte das Grenadierersatz- und Ausbildungsbataillon 80 aus Koblenz eine Brückensicherungskompanie nach Remagen ab. Kompaniechef war ab November 1944 Hauptmann Willi Oskar Bratge, der Mitte Dezember auch Kampfkommandant von Remagen wurde. Ende Dezember wurde der Raum um Remagen zum Brückenkopf erklärt und damit zum „Festungsbereich", der feldmäßig für eine Verteidigung auf beiden Ufern ausgebaut werden musste.

Hauptmann Willi Bratge, Kampfkommandant von Remagen. [1]

Anfang März 1945 hatte die Brückensicherungskompanie eine „Kampfstärke" von 36 Mann, zwar kampferprobt, aber wegen vorangegangener Verwundungen waren die Männer teilweise noch in ambulanter Behandlung. Sie waren Genesende und noch nicht frontverwendungsfähig.

Ihr Auftrag lautete:

1. Abwehr feindlicher Sabotageunternehmen größeren Ausmaßes gegen die Brücke, insbesondere in Verbindung mit einer Luftlandung;
2. Abwehr eines Erdgegners bei überraschendem Durchbruch einer vorwärts gelegenen Front, insbesondere bei Panzerdurchbrüchen;
3. Sicherung der Pionierkompanie während der Vorbereitungen für eine Brückensprengung und Sicherstellung der dafür erforderlichen Zeit;
4. Ausbau und Unterhaltung der für die Verteidigung erforderlichen Stellungen.

Als Bewaffnung für die ständig wechselnden Genesenden stand nur altes und fremdes Waffenmaterial zur Verfügung:

- zwei schwere britische Maschinengewehre mit Munition
- zwei leichte deutsche MG 08/15 aus dem I. Weltkrieg
- drei schwere polnische Maschinengewehre
- ein russischer Granatwerfer, Kaliber 8 cm
- zwei russische Granatwerfer, Kaliber 5 cm
- eine italienische Panzerabwehrkanone, Kaliber 4,7 cm

Ab August 1943 war bereis die 12. Kompanie des Landespionierregiments 12 an der Ludendorffbrücke stationiert. Unter dem Kompaniechef Hauptmann Carl Christian Friesenhahn hatten die Soldaten folgende Einsatzbefehle:

1. Sicherung der Brücke gegen Sabotage
2. Sicherung gegen feindliche Luftlandeunternehmen, die eine Zerstörung der Brücke bezwecken
3. Sicherung gegen Treibminen
4. pioniertechnische Instandhaltung der Brücke, soweit mit den Mitteln der Pionierkompanie möglich

Hauptmann Carl Christian Friesenhahn, Chef der 12. Kompanie vom Landespionierregiment 12 mit Ehefrau. [1]

5. Abwehr feindlicher Tieffliegerangriffe mit den der Kompanie zur Verfügung stehenden Waffen
6. im Notfall Zerstörung der Brücke, um sie einer Inbesitznahme durch Feindeshand zu entziehen.

Neben der laufenden militärischen Pionierausbildung sowie der Bewachung der Brücke waren zusätzliche Maßnahmen getroffen:

Der Fußweg auf der Oberstromseite war gesperrt worden. Der andere Fußweg wurde an beiden Aufgängen ständig bewacht und durfte nur von einheimischen Zivilisten mit besonderem Ausweis passiert werden. Nicht bekannte Wehrmachtsangehörige durften nur in Begleitung eines Wachsoldaten über die Brücke gehen. Das Vorgelände auf beiden Stromseiten war durch dichte Drahtverhaue gesichert.

Diese Drahthindernisse dienten auch als Schutzmaßnahme gegen aus der Luft abgesetzte Sabotagetrupps des Gegners. Bei einem regelrechten Angriff auf die Brücke konnte der Nahbereich in ausgebauten Infanterie- und MG-Stellungen verteidigt werden. Diese Nahsicherung hatte den Namen „Brückenigel“.

Die Erpeler Seite der Ludendorffbrücke mit dem sogenannten Brückenigel, bestehend aus Schützengräben und Drahthindernissen. [2]

Der durch Bombentreffer zerstörte südliche Flutbogen wurde für ein Gleis behelfsmäßig wieder hergestellt. [2]

Für die Sprengung der Eisenbahnbrücke waren einige Pioniergruppen ständig eingeteilt und ausgebildet. Ausgesuchte Lade- und Zündtrupps schafften es selbst bei ungünstigen Bedingungen, die Brücke in 3 ½ Stunden sprengfertig zu machen.

Die Pionierkompanie hatte Anfang 1945 noch eine Stärke von 30 bis 40 Mann und bestand großenteils aus „Opas, Magenkranken und Genesenden". Fast alle waren Veteranen des I. Weltkrieges..

Dennoch schaffte sie es, die teils schweren Schäden durch Luftangriffe zu reparieren und die Brücke in Betrieb zu halten. Dabei wurden sie von einem Zug der Eisenbahnpionier-Kompanie 103 unterstützt, der über Spezialisten verfügte und zivile Bautrupps von Firmen zur Verfügung hatte.

Weil Hauptmann Friesenhahn die Gefahr durch Treibminen als besonders groß einschätzte, war stromaufwärts der Brücke in Höhe von Leubsdorf eine Minensperre aus Drahtseilen und Balken eingerichtet worden. Sie wurde von Soldaten der Kompanie bewacht und nachts mittels Seilzügen über den Rhein gespannt. Die 12. Kompanie des Landespionierregiments 12 unterstand dem Stab des III. Bataillons und seinem Kommandeur Major August Kraft, der seinen Gefechtsstand in Sayn hatte.

Ab Herbst 1944 wurden die Feldstellungen im „Festungsbereich Remagen" ständig ausgebaut, verbessert und instandgehalten. Die Rundumverteidigung war für ein kriegsstarkes Regiment mit drei Infanteriebataillonen, davon zwei linksrheinisch und eine Abteilung Artillerie, eingerichtet.

Hauptmann Bratge war Ende 1944 durch den Kommandeur des Kampfbereichs XII Nord, Generalleutnant von Berg, besonders auf den absoluten Verteidigungsauftrag verpflichtet worden.

In den ersten Monaten 1945 waren dem Kampfkommandanten alle im Bereich Remagen stationierten Wehrmachtseinheiten für die Verteidigung unterstellt.

In der zweiten Februarhälfte 1945 hatte Hauptmann Bratge unter Rückgriff auf alle in seinem Bereich stehenden Einheiten einen Plan zur Verteidigung erarbeitet. Der linksrheinische Bereich war unterteilt in sechs Sektoren.

Hauptmann Bratges Plan zur Verteidigung [10]

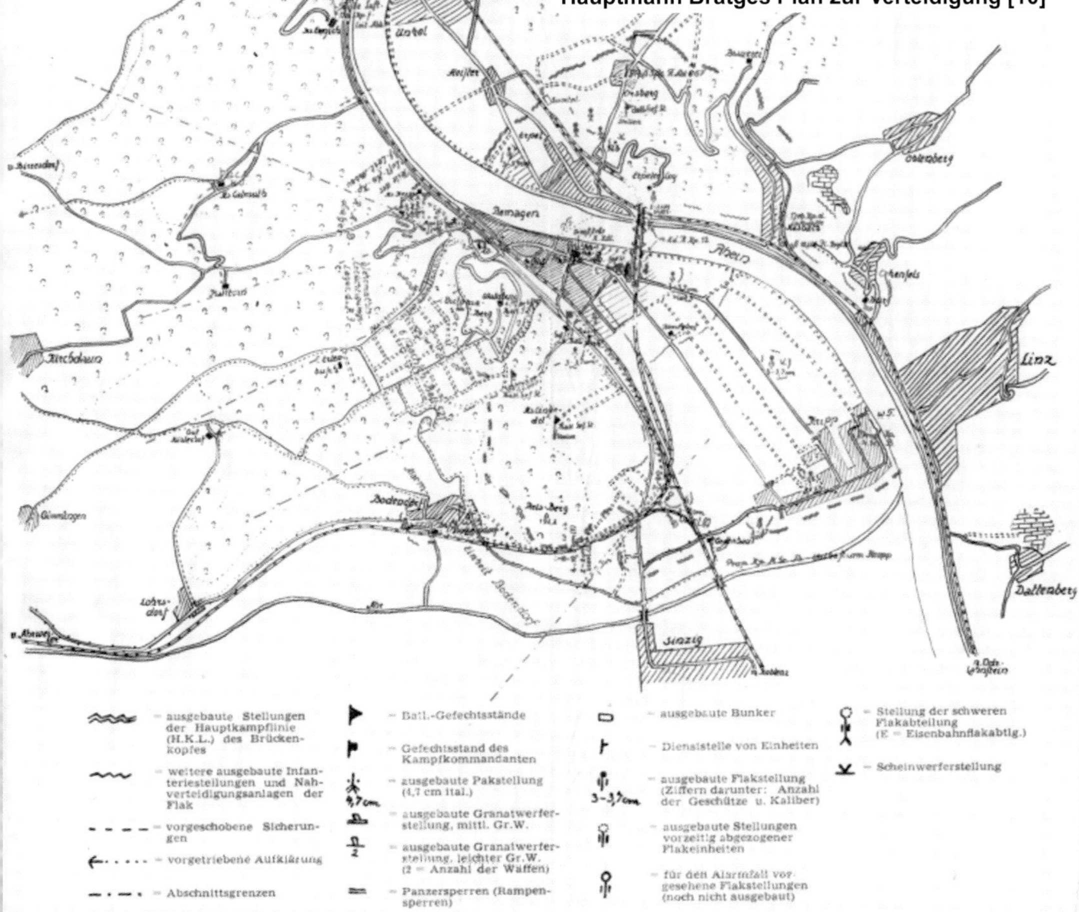

Im Norden beginnend waren vorgesehen:

- Teile der Luftnachrichtenkompanie für Leitungsbau, die im Schloss Ernich untergebracht waren, sollten in Stellungen den Nordwestabschnitt an der Reichsstraße 9/Bahnlinie in Höhe der Abzweigung zum Haus Calmuth sichern, bzw. beim Haus Heimann verteidigen.
- Die Hitlerjungen des Wehrertüchtigungslagers (WEL) im Haus Calmuth hatten den Auftrag, am Waldrand der westlichen Birresdorfer Straße zu sichern und den Sektor zwischen östlicher Birresdorfer Straße und Viktoriahöhe zu verteidigen.
- Die Männer des Reichsarbeitsdienstes (RAD) waren für die Stellungen beiderseits der Birresdorfer Straße am RAD-Lager vorgesehen.
- Auf dem Viktoriaberg hatten die Soldaten der 6. Kompanie des Nachschubbataillons 521 in die Schützengräben zu rücken. Sie waren in der Waldburg einquartiert.
- Nach Süden anschließend war die Alarmeinheit Bodendorf vorgesehen, die aus verschiedenen Teilen der Wehrmacht, aber auch aus dem Volkssturm Bodendorf bestand.
- Die Südflanke des Brückenkopfes war bestimmt für die Propagandakompanie der Heeresgruppe B in Kripp und den Volkssturm aus Kripp.

Die Männer der Brückensicherungskompanie hatten in erster Linie die schweren Waffen zu bedienen. Mit zwei motorisierten Infanteriegruppen und zusammen mit guten Kräften der zuvor genannten Wehrmachtsteile sollten sie dem Kommandanten als bewegliche Reserve und als Jagdkommando zur Verfügung stehen.

Die Pioniere der 12. Kompanie sollten die Stellungen des Brückenigels besetzen. Die Volkssturmeinheiten von Remagen, Bodendorf und Kripp mussten die Panzersperren in ihrem Bereich sichern. Zu diesem Zweck bekamen die Volkssturmleute im letzten Augenblick 50 französische Gewehre ohne Munition.

Für alle Verteidigungskräfte waren Panzerfäuste in genügender Anzahl vorhanden.

Stellungsübersicht der deutschen Fla-Kräfte im Raum Remagen-Sinzig im Februar 1945. [6]

Der Fliegerabwehrschutz

Ab Spätsommer 1944 nahmen die Fliegerangriffe auf taktische Ziele im westlichen Reichsgebiet stark zu. Im Rheinland griff vorwiegend die 9. Amerikanische Luftflotte an. Mit ca. 1900 Kampfflugzeugen flog sie vorrangig *Interdiction*-Einsätze, d.h., sie unterbrach die rückwärtigen Nachschublinien zu den Fronttruppen des Feindes.

Auch die Eisenbahnbrücken von Remagen/Erpel, bei Sinzig, und westlich Ahrweiler über die Ahr, waren häufig das Ziel der 9. US Air Force. Ab Dezember 1944 wurden viele Fliegerabwehr-Kanonen (Flak) im Raum Remagen in Stellung gebracht und einem örtlichen Flakführer unterstellt.

Mitte Februar 1945 waren in Stellung (siehe Karte links):

1. 2 x 2 cm Vierlingsflak auf der Erpeler Ley.
2. 3 x 2 cm Vierlingsflak an der Straße Remagen-Kripp 400 m südostwärts der Brücke.
3. 3 x 2 cm Soloflak , davon zwei auf den Brückentürmen.
4. Eine Scheinwerfergruppe im Orsberger Hang.
5. Die 5. Batterie der schweren Eisenbahnflak-Abteilung 535 mit 4 x 10,5 cm und 2 x 2 cm Vierlingen auf den Bahngleisen südlich des Reisberges.
6. Die 4. Batterie/ leichte Eisenbahnflak-Abteilung 821 hatte 6 x 2 cm Vierlinge und 3 x 3,7 cm Flakgeschütze auf der Südwestspange des Gleisdreiecks stehen.
7. Die 5. Batterie/ leichte Flakabteilung 667 war mit 3 x 3,7 cm Flak nordwestlich von Erpel an der R 42 und 6 x 3,7 cm Flak zwischen Remagen und Kripp in Stellung, sie hatte zusätzlich 2 Flak-Scheinwerfer.
8. Die 5.Batterie/ leichte Flakabteilung 715 lag mit 6 x 3,7 cm Flak westlich von Kripp und 6 x 3,7 cm Kanonen an der Ahreisenbahnbrücke bei Sinzig.
9. Die 3. Batterie der Fla-Lehr- und Versuchsabteilung 900 hatte insgesamt vier Züge zu je sechs Werfern für 35 „Föhn"-Raketen. Davon war ein Zug mit dem Munitionslager auf dem Viktoriaberg, ein Zug nordwestlich des „Römerhofes", ein Zug auf der Erpeler Ley und ein Zug westlich der Straße von Erpel nach Orsberg im Hang.
10. Die Nebelkompanie Nr. 51 der Luftwaffe hatte beiderseits des Rheins im Brückenbereich Nebelfässer gelagert, um bei Luftalarm und guter Sicht die Rheinbrücke und ihr Vorgelände einzunebeln.

2 cm Vierlingsflak mit Luftwaffenhelfern im Objektschutz. [6]

Von Anfang an hatte es große Kommunikationsprobleme zwischen Bratge und dem Flakführer wegen unzulänglicher Fernmeldemittel gegeben. Hinzu kam, dass Herrmann Göring als Oberbefehlshaber der Luftwaffe seine Kräfte ohne Rücksichtnahme auf örtliche Belange des Heeres führte.

Fla-Raketenwerfer der 3. Batterie der Flak-Lehr- und Versuchsabteilung 900 am Orsberger Hang wird von amerikanischen Fla-Soldaten bestaunt. [2]

2 cm Flak mit Luftwaffenhelfern im Objektschutz. [6]

Foto rechts: Luftwaffenhelfer Kurt Degen an der 2 cm Flak auf dem linksrheinischen Brückenturm.
Quelle: Kurt Degen, Burgbrohl

Bild oben: Eine Batterie 10,5 cm Eisenbahnflak in Stellung. [6]

Verlassene 3,7 cm Flak zwischen Reichsstraße 42 und Rheinufer stromaufwärts der Brücke. [2]

Die Ludendorff-Eisenbahnbrücke Remagen/Erpel

Diese Rheinbrücke war1916 bis 1918 aus der Notwendigkeit heraus gebaut worden, für den Nachschub an die Front in Frankreich, die Schienennetze links- und rechtsrheinisch besser miteinander zu verbinden.

Die Brücke wurde nach dem preußischen General Erich von Ludendorff, 1916 Erster Generalquartiermeister des kaiserlichen Heeres, benannt. Am 9. November 1923 hat Ludendorff zusammen mit Adolf Hitler in München einen erfolglosen Putschversuch unternommen.

Die Hindenburgbrücke zwischen Bingen und Rüdesheim (1913 bis 1915) und die Kronprinzenbrücke zwischen Urmitz und Engers (1916 bis 1918) hatten den gleichen Baustil wie die Ludendorffbrücke.

Nach Plänen des Architekten Carl Wiener bauten die Firmen Holzmann, Grün & Bilfinger und das MAN-Werk (Gustavsburg) die zweigleisige Brücke. Sie wurde 1918 noch so zeitig fertig, dass ein Teil des geschlagenen deutschen Westheeres darauf den Rhein überqueren konnte. Anschließend überschritten amerikanische Besatzungstruppen ab dem 9.12.1918 hier den Rhein.

Die damals durchgehend zweigleisige Ahrstrecke mündete im sogenannten Gleisdreieck zwischen Remagen und Sinzig in die linksrheinische Hauptlinie. Dort beginnend wurden zwei Schienenstränge auf einem fast zwei Kilometer langen Bahndamm bis an

Die Ludendorffbrücke während der Bauarbeiten 1916 bis 1918. [1]

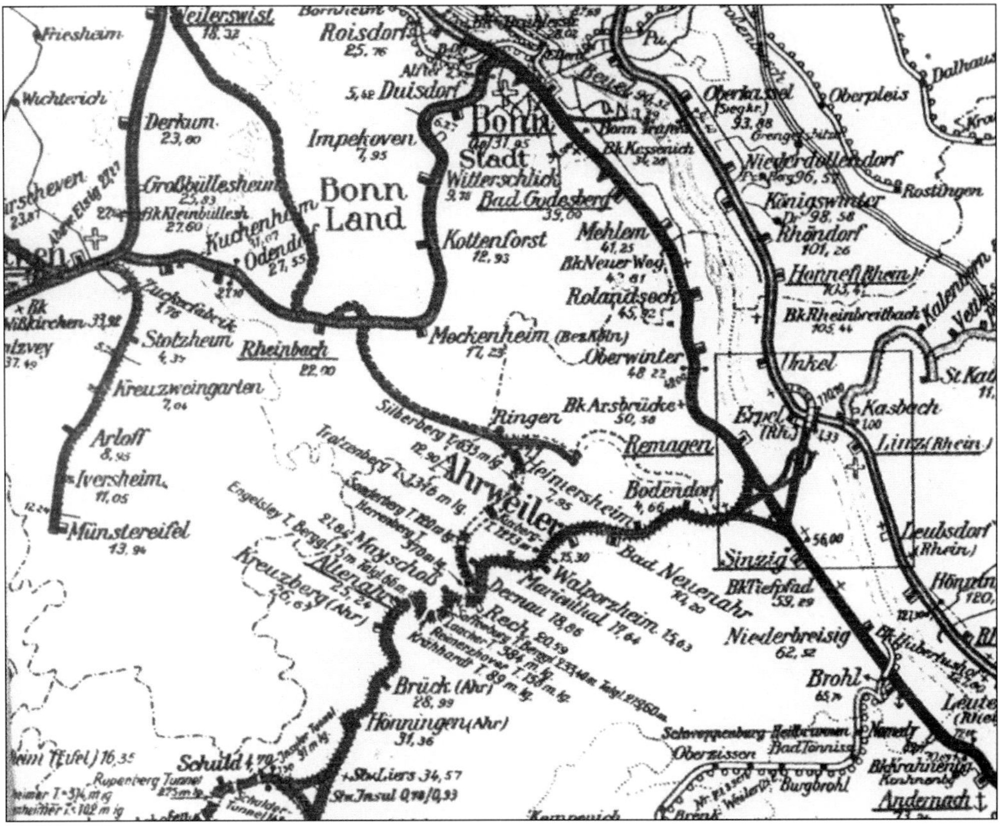

Streckenplan der Reichsbahn am 15.4.1944. [6]

die Ludendorffbrücke geführt. Linksrheinisch begann das Brückenbauwerk mit zwei Flutbögen, die bei Hochwasser einen besseren Abfluss der Wassermassen gewährleisteten. Die Stahlkonstruktion ruhte an beiden Flussufern auf einem mächtigen Mauerwerk als Endwiderlager, flankiert von fünfgeschossigen Türmen. Die 325 m lange Brücke lag auf zwei Strompfeilern. Von den Auflagern bis zu den Pfeilern erstreckten sich 85 m lange Fachwerkkastenträger. In der Mitte überspannte ein 155 m langer Bogenfachwerkträger die Fahrrinne des Stromes.

Auf der Erpeler Seite gab es eine Eisenbahnüberführung für die rechtsrheinische Eisenbahnlinie. Nach etwa 50 Metern führten die Gleise in einen 383 m langen Tunnel mit Linkskurve unter der Erpeler Ley hindurch. Vom nördlichen Tunnelportal bis zur rechtsrheinischen Hauptlinie lagen die beiden Gleise in einem etwa 500 m langen Einschnitt.

Beidseitig verfügte die Brücke über Fußgängerstege. Auf der Remagener Seite gab es links und rechts des Bahndammes Rampen, die ein Auffahren mit Fahrzeugen ermöglichten. Rechtsrheinisch war eine Abfahrt auf die R 42 in Richtung Linz gebaut worden. So konnte die Ludendorffbrücke nach Ausbohlung auf den Schwellen und zwischen den Gleisen auch von Radfahrzeugen behelfsmäßig benutzt werden.

Die Ludendorffbrücke in der Vorkriegszeit. [1]

Der Sprengplan für die Ludendorffbrücke

Die beim Bau schon geschaffenen je drei Sprengkammern in den Strompfeilern und zwischen den Flutbögen waren bis auf eine während der Rheinlandbesetzung 1923 zubetoniert worden.

Nach der deutschen Wiederaufrüstung 1938 berechneten Pioniere, wie diese Brücke am zweckmäßigsten zerstört werden könnte. Es waren drei Sprengstellen geplant:

Im Flutpfeiler auf dem Westufer und in beiden Strompfeilern. Die berechnete Sprengmunition von 655 kg TNT war in ca. 60 Einzelladungen aufgeteilt und in Zinkgefäße gegossen, die genau in die Ladungskästen passten. Diese vorbereiteten Planladungen waren 1940 anderweitig verbraucht worden. Es gelang den Pionieren Anfang März 1945 jedoch, neue und passende Ladungen anzufertigen und am 6. März einzubauen.

Zur Zündung des TNT war eine elektrische Ringleitung in Strahlrohren verlegt, die alle Ladungen verband und vom Erpeler Tunnel aus gezündet werden konnte. Mit einem Leitungsprüfer konnte die Funktionsfähigkeit dieser Ringleitung ständig kontrolliert werden. Falls die Leitung an einer Stelle unterbrochen worden wäre, hätte man das TNT nicht zünden können. Sie war gegen Beschuss und Erschütterung störanfällig. Eine Reserveleitung war geplant, wurde aber nicht mehr installiert.

Plan der Ludendorffbrücke [8]

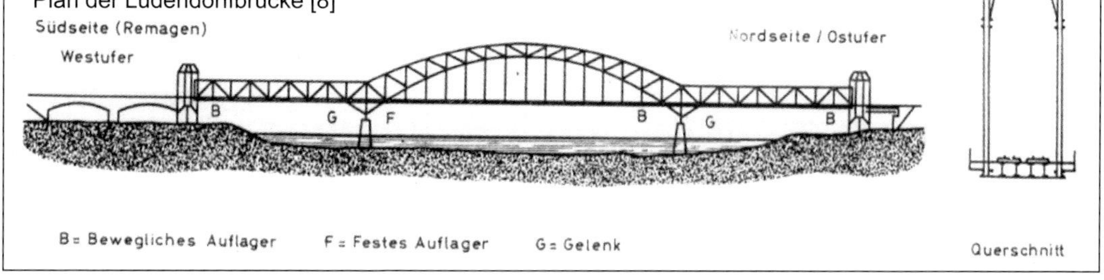

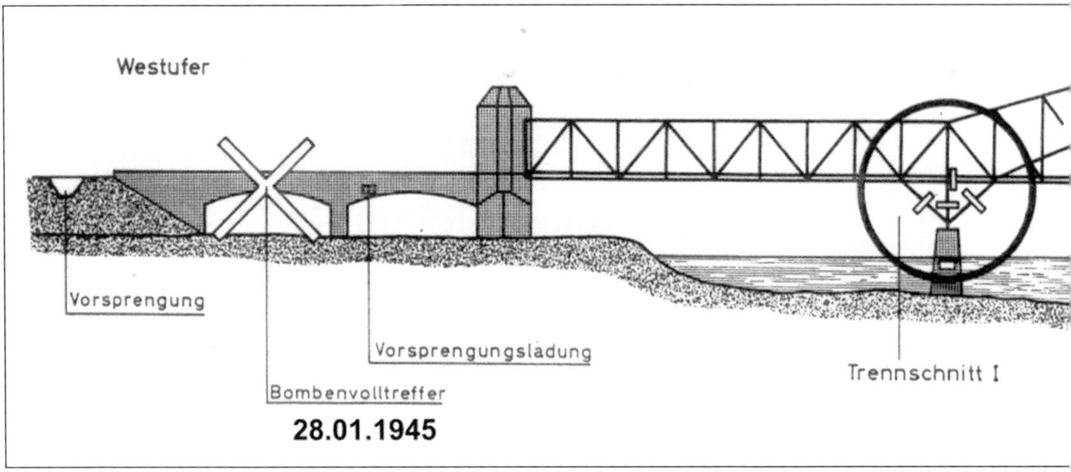

Die Planladungen linksrheinisch. [8]

Die Ludendorffbrücke mit Erpel im Hintergrund [1]

Wenn sich der Feind der Brücke gefährlich nähern sollte waren 1945 drei Maßnahmen geplant:

1. Eine ***Vorsprengung*** im Bahndamm vor der Brücke auf dem Westufer sollte dafür sorgen, dass ein überraschender Panzervorstoß über die Brücke verhindert werden würde. Die Zerstörung sollte jedoch innerhalb 72 Stunden mit eigenen Mitteln beseitigt werden können. Es waren zwei Sprengkammern dort angelegt worden, wo die Zufahrtsrampen das Gleisniveau erreichten. Die errechnete Munitionsmenge hätte dort einen Panzergraben von 8 m Breite und 4,5 m Tiefe gesprengt. Die Zündung sollte aus einem Panzerdeckungsloch am Anfang des Flutbogens mit einer Zündschnur erfolgen.
2. Die schon erwähnte ***Planladung*** bestand aus 600 kg TNT und sollte elektrisch von der Zündstelle im Erpeler Tunnel zur Detonation gebracht werden.

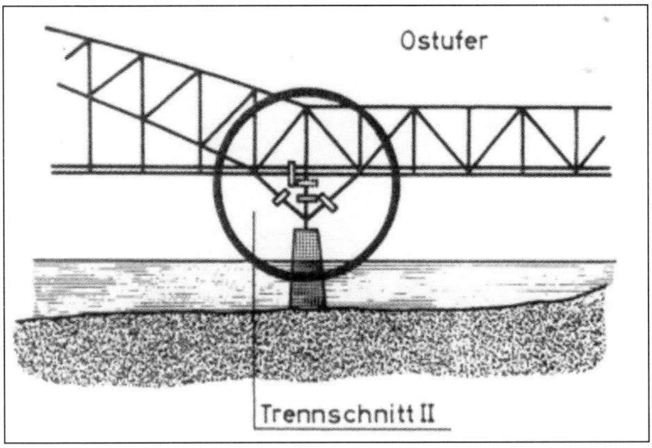

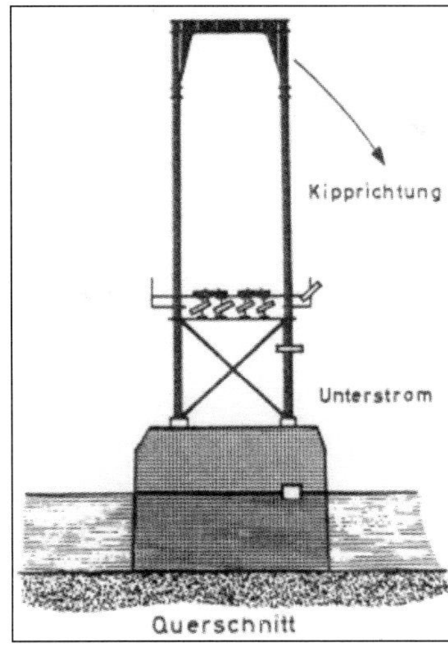

Abb. oben: Die Planladungen rechtsrheinisch. [8]
Abb. rechts: Beabsichtigte Sprengwirkung der Planladung. [8]

3. Für den Fall des Versagens der Planladung, war eine sogenannte ***Schnellladung*** vorgesehen. Auch dafür waren 600 kg TNT errechnet. Sie sollte ausschließlich am Erpeler Strompfeiler angebracht und mittels Zündschnur aus dem Tunnel gezündet werden.

Die Verantwortung für die Brückensprengung hatte der Kampfkommandant, ausführen musste sie Hauptmann Friesenhahn mit seinen Pionieren.

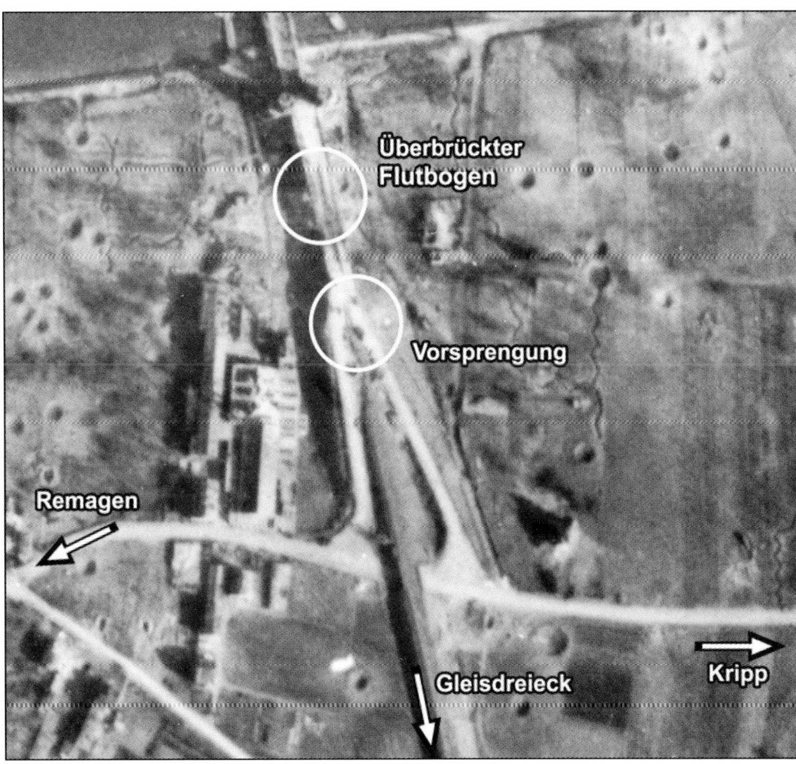

Die Zufahrtsrampen an der linksrheinischen Ludendorffbrücke. [3]

Der Angriff der Alliierten ab Ende Februar 1945

Nach der gelungenen Invasion im Juni 1944 in der Normandie gelang den Westalliierten ein schneller Vormarsch durch Frankreich und Belgien. Anfang September 1944 standen amerikanische Panzer am Westwall in der Eifel. Bei Aachen und nördlich von Trier wurde dieses „Bollwerk" ohne Schwierigkeiten durchstoßen. Die in den Rückzugskämpfen sehr geschwächten deutschen Verbände hatten große Mühe, den Einbruch in der Eifel zu bereinigen. Im Oktober 1944 ging jedoch Aachen als erste deutsche Großstadt verloren.

Bis Mitte Dezember kämpften Deutsche und Amerikaner verbittert und verlustreich im Hürtgenwald. Die am 16.12.1944 beginnende deutsche Operation *Wacht am Rhein*, auch Ardennenoffensive genannt, brachte bei winterlichem und bewölktem Wetter Anfangs-

Plan der Westalliierten für den Angriff auf das Rheinland. [11]

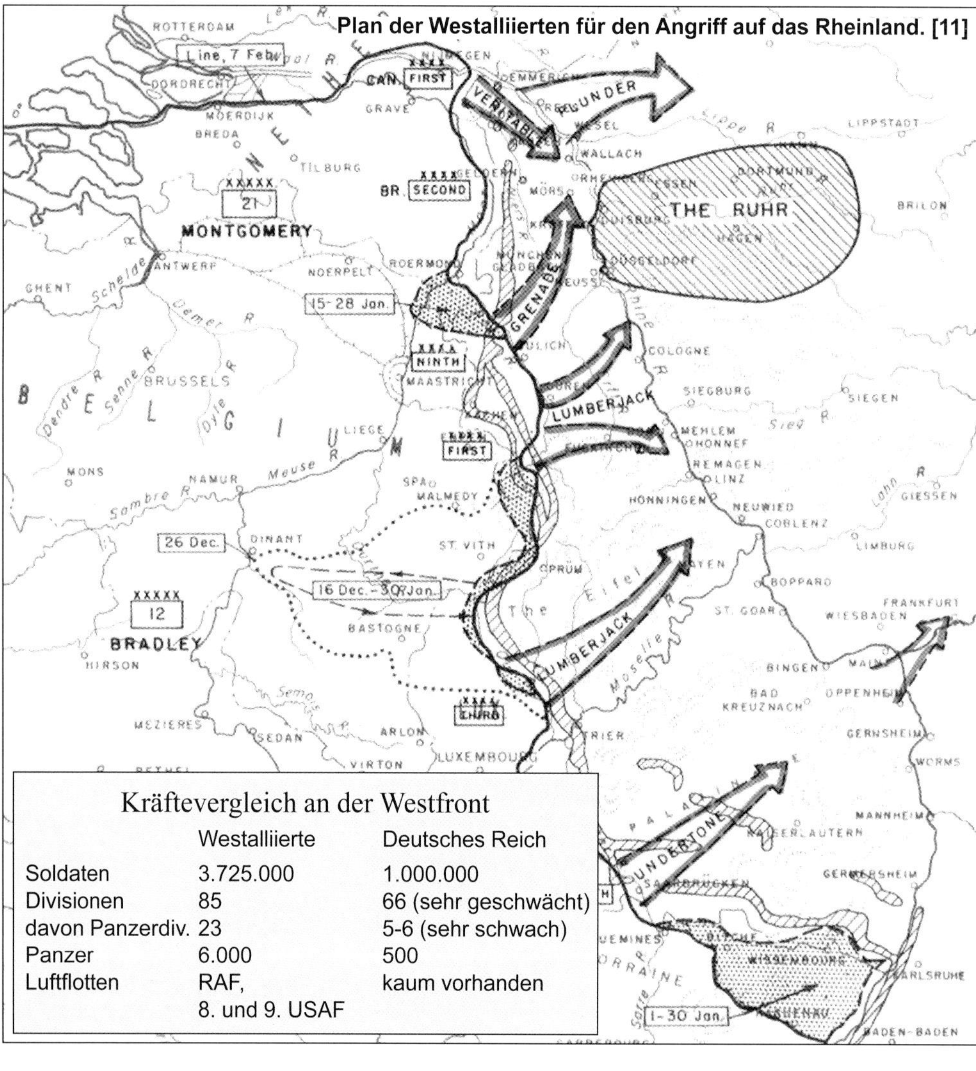

Kräftevergleich an der Westfront

	Westalliierte	Deutsches Reich
Soldaten	3.725.000	1.000.000
Divisionen	85	66 (sehr geschwächt)
davon Panzerdiv.	23	5-6 (sehr schwach)
Panzer	6.000	500
Luftflotten	RAF, 8. und 9. USAF	kaum vorhanden

Die amerikanischen Generäle von links nach rechts: Generalleutnant George S. Patton/ 3. Armee, Generalleutnant Omar Bradley/ 12. Heeresgruppe, Generalleutnant Courtney Hodges/ 1. Armee und General Dwigth Davis Eisenhower/ Oberbefehlshaber Westeuropa. [2]

erfolge für die Divisionen der Heeresgruppe B. Mit Verbesserung der Wetterlage ab Weihnachten, konnten die Amerikaner von ihrer überlegenen Luftwaffe direkte Luftnahunterstützung *(Close support)* für ihre Heeresverbände geben und die deutschen Angriffsverbände stoppen. Auf deutscher Seite wurde die Lage durch den starken Mangel an Treibstoffen für Panzer und Räderfahrzeuge verschlimmert. Ende Januar 1945 war die Offensive endgültig gescheitert und die Verbände der 6. SS-Panzerarmee mussten in den Kampfraum Ungarn verlegt werden, um dort sowjetische Angriffe aufzuhalten.

Auf beiden Seiten an der Westfront folgte eine Phase der Konsolidierung. General Eisenhower als Oberbefehlshaber in Westeuropa, plante für Februar 1945 auf der gesamten Frontlinie an den Rhein vorzustoßen. Dabei wollte er alle deutschen Kräfte möglichst noch am Westufer des Rheins vernichten. In zeitlich abgestimmten Offensiven von Nord nach Süd sollten die verbliebenen deutschen Panzerkräfte abgenutzt werden.

Zunächst griff ab dem 8. Februar 1945 die 1. Kanadische Armee aus dem Raum Nimwegen und westlich des Rheins nach Südosten an *(Operation Veritable)*. Gleichzeitig stieß die 9. Amerikanische Armee aus Richtung nördlich Aachen in ihrer *Operation Grenade* nach Nordosten vor. Damit sollten die Deutschen auf dem Westufer des Niederrheins eingekesselt und vernichtet werden. Auf deutscher Seite wurden erwartungsgemäß fast alle im Westen verfügbaren Panzerdivisionen dorthin verlegt, um den Angriff zu stoppen. Die Wehrmacht hatte damit keinen Erfolg und musste hohe Verluste hinnehmen.

Die *Operation Lumberjack* der 1. und 3. Amerikanischen Armeen startete am 23. Februar aus der Eifel zum Rhein (s. Abb. S. 4). Die Panzerdivisionen der 1. Armee unter Generalleutnant Hodges zielten aus der Nordeifel in Richtung Köln und Bonn-Sinzig, während die Divisionen der 3. Armee unter Generalleutnant Patton in der Südeifel in Richtung Andernach-Koblenz angriffen. Die Deutschen sollten mit einem Zangenschluss bei Brohl-Andernach eingekesselt und vernichtet werden.

In einer Folgeoperation *(Undertone)* wollten dann die 3. und 7. US Armee das Gebiet südlich der Mosel und westlich des Rheins nehmen.

Der Vormarsch der 9. US Panzerdivision

Bei der 1. US Armee war das V. Corps unter Generalmajor (GM) Leonhard Gerow auf dem rechten südlichen Flügel zum Flankenschutz angesetzt. In der Mitte hatte das III. Corps unter GM John Millikin u.a. den Auftrag, im Bereich Remagen-Sinzig den Rhein zu erreichen, um dann auf dessen Westufer nach Süden über Brohl-Andernach weiter anzugreifen. Auf dem linken, nördlichen Flügel der Armee sollte GM Lawton Collins´ VII. Corps die Domstadt Köln einnehmen.

Das zentrale III. Corps hatte als Speerspitze die 9. Panzerdivision unter GM John Leonhard, rechts von ihr griff die 78. Infanteriedivision von GM Edwin Parker durch die Nordeifel an. Links der 9. Panzerdivision rückte die 9. Infanteriedivision unter GM Louis Craig auf Bad Godesberg vor. Bonn war Angriffsziel der 1. Infanteriedivision unter GM Cliff Andrus.

Generalmajor John Millikin, Kommandierender General des III. US Korps. [6]

Generalmajor John Leonhard, Kommandeur der 9. US Panzerdivision. [6]

Nach dem Durchbruch durch den Westwall, nahm die 9. Panzerdivision am 4. März Zülpich und am 5. März Euskirchen ein. Von dort gewann das CCA (Combat Command Abel = Kampfkommando A) von Brigadegeneral Thomas Harrolds am 6. März Rheinbach und stieß in der Nacht noch bis nach Lantershofen vor, um am nächsten Tag Bad Neuenahr einzunehmen.

CCB (Combat Command Baker) von Brigadegeneral William Hoge hatte am 6. März Meckenheim eingenommen. Am Morgen des 7. März bekam der Gefechtsverband (Task Force = TF) von Oberstleutnant (OTL) Prince den Befehl, über die Grafschaft und Heppingen-Bodendorf die Ahrbrücke und die Zwischenziele Sinzig und Westum südlich der Ahr zu gewinnen. Nördlich der TF Prince war

Die Operation Lumberjack am 7. März 1945.
Quelle: Nachrichten für die Truppe

die TF Engeman angesetzt, um über Adendorf und Birresdorf Remagen und Kripp am Rhein zu nehmen.

Die Marschfolge des Gefechtsverbandes von OTL Engeman war:

- A-Kompanie des Panzer-Infanterie-Bataillon (AIB) 27 von Leutnant Karl Heinz Timmermann auf M3 Halbkettenfahrzeugen
- I. Zug der A-Kompanie des Panzerbataillon (TB = Tank Bataillon) 14 mit vier Kampfpanzern vom Typ M24 *Pershing* unter Leutnant John Grimball
- Ein Pionierzug der B-Kompanie, 9. Panzer-Pionier-Bataillon auf M3
- C-Kompanie, 27. AIB (= Armored Infantry Batailion)
- Sturmgeschützzug des 27. AIB mit drei M8 Haubitzen 75 mm HMC
- Führungsgruppe des 27. AIB mit dessen Kommandeur Major Murray Deevers
- Rest der A-Kompanie, TB 14 mit neun Kampfpanzern M4 Sherman unter Hauptmann Soumas
- Mörserzug, 14. TB mit drei 81 mm Granatwerfern auf M21
- B-Kompanie, 27. AIB
- Sturmgeschützzug des 14. TB mit drei M8 Haubitzen 75 mm HMC
- Führungsgruppe des 14. TB mit TF-Kommandeur OTL Engeman
- D-Kompanie, 14. TB mit M5 A1 leichten Kampfpanzern *Stuart*

Die Task Force Engeman konnte am 7. März erst verspätet in Meckenheim starten, da Bombentrümmer die Ausfallstraßen blockierten.

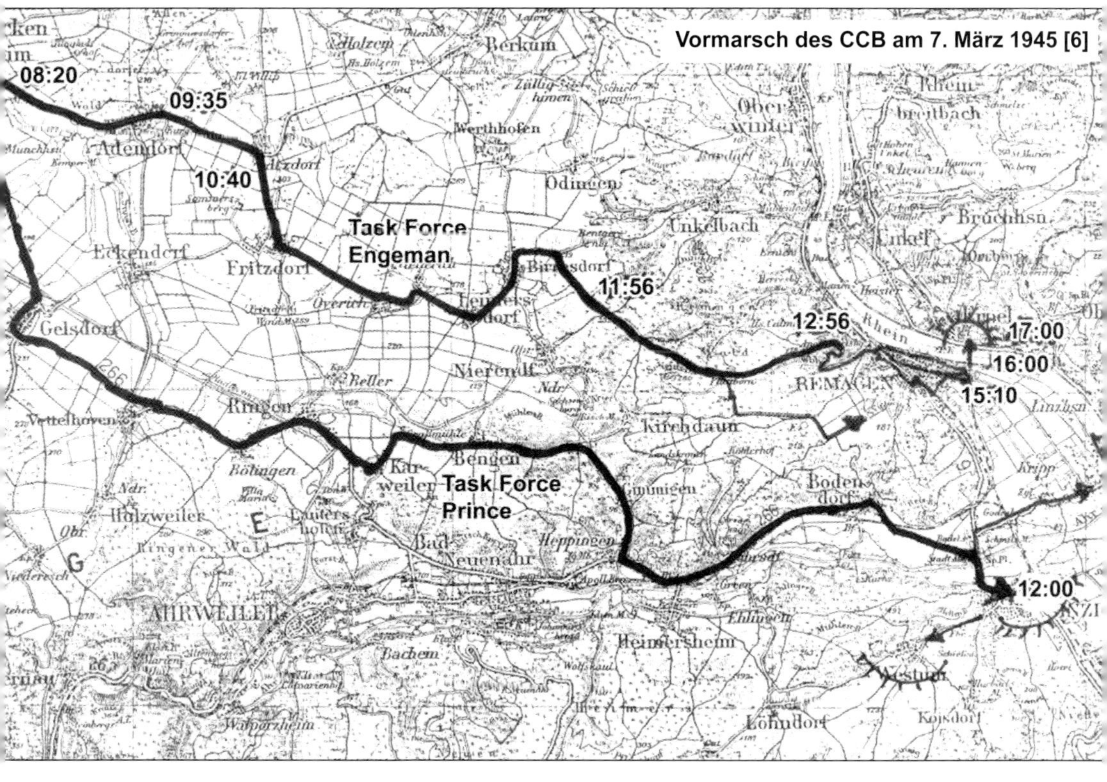

Vormarsch des CCB am 7. März 1945 [6]

Brigadegeneral William Hoge, Kommandeur des CCB. [2]

In den Dörfern der Grafschaft gab es kaum deutschen Widerstand. Erst nachdem die Kompanie Timmermann von Birresdorf in Richtung Remagen vorfuhr, wurden die Amerikaner besonders vorsichtig. Als die Spitzenfahrzeuge Timmermanns auf der Straße vom freien Gelände in den Wald fuhren, wurden sie von Infanteriefeuer empfangen. Die vorgeschobene Aufklärung von einigen Hitlerjungen des WEL unter Führung eines Unteroffiziers hatte am Waldrand die Amerikaner erwartet. Timmermann ließ seine Infanteristen von den Schützenpanzern absitzen, und gleich darauf ergaben sich die Deutschen.

Zu dieser Zeit flogen die Leutnante Harold E. Larsen und Frank L. Vaughn als Besatzung eines einmotorigen Piper Cub Aufklärungsflugzeuges den Kampfverbänden des CCB voraus, um den Bodentruppen Aufklärungsergebnisse per Funk zu geben und der Divisions-Artillerie Ziele zuzuweisen. An diesem Tag war das Wetter schlecht, die Wolken hingen tief und gaben kaum den Blick zum Boden frei. Plötzlich sahen die beiden durch eine Wolkenlücke Remagen, den Rhein und die Ludendorff-Eisenbahnbrücke, über die sich deutsche Kolonnen zurückzogen. Diese überraschende Meldung ging per Funk an den Stab des 16. Panzer-Artillerie-Bataillons und von dort unverzüglich an den Kommandeur CCB Brigadier William Hoge.

Es war 10:30 Uhr als Hoge diese erfreuliche Neuigkeit erfuhr. Engemans Truppen waren zu diesem Zeitpunkt bereits einige Stunden hinter dem Zeitplan zurück und noch mehrere Kilometer vom Zwischenziel Remagen entfernt.

Bereits am frühen Morgen hatte Hoge seinen Divisionskommandeur Leonhard gefragt, was er unternehmen solle, falls die Remagener Brücke intakt wäre. Leonhard ließ keinen Zweifel daran, dass Hoge die Brücke zu nehmen habe. Die beiden gingen allerdings davon aus, dass die Ludendorffbrücke gesprengt würde, bevor ein Amerikaner sie betreten könnte.

Als die TF Engeman den Bereich von Plattborn passierte, bekam Engeman von Major Ben Cothran, seinem Aufklärungsoffizier (S 2), die wichtige Meldung, dass die Rheinbrücke noch intakt war.

Oberstleutnant Leonhard Engeman, Kommandeur des 14. Panzerbataillons. [2]

Bald darauf erreichte die Spitze unter Leutnant Timmermann das Gasthaus „Waldschlösschen“ kurz vor der Kurve am RAD-Lager und oberhalb der Apollinariskirche. Der Zug unter Leutnant Emmett Burrows war an der Spitze gefahren und hatte als erster den einmaligen Blick ins Rheintal: Remagen, die Erpeler Ley, die fernen Felskuppen und die Ludendorff-Eisenbahnbrücke. Durch sein Fernglas sah Burrows Fahrzeuge, Soldaten und Zivilisten, die über die Brücke auf das rechte Rheinufer strömten.

Bald darauf kamen auch Oberstleutnant Engeman und Major Deevers nach vorne an die Straßenkurve und sahen das Wunder. Nachdem Engeman seinem Kommandeur Hoge diese Meldung gemacht hatte, bekam er den Befehl, so bald wie möglich Remagen zu nehmen. Ihm war bewusst, dass der ursprüngliche Befehl, nur Remagen und Kripp zu nehmen, durch die neue Lage hinfällig wurde. Brigadegeneral Hoge kam bald auch nach vorne an die Straßenkurve und war freudig überrascht.

Die 9. US Panzerdivision

Diese Panzerdivision war am 15. Juli 1942 in Fort Riley, Kansas, aufgestellt worden und kam am 27. August 1944 auf den europäischen Kriegsschauplatz (The **E**uropean **T**heater of **O**perations) zunächst nach England. Am 25. September verlegte sie nach Frankreich und hatte dort ihre Feuertaufe am 23. Oktober.

Bis zum 16. Dezember gab es keine Kampfhandlungen mehr. Als Reserve der 1. Armee in den Ardennen kämpften die Kampfkommandos der Division getrennt voneinander, das CCB bei der legendären Verteidigung von St. Vith. Noch bekannter wurde dieser Verband durch die handstreichartige Einnahme der unversehrten Ludendorffbrücke am 7. März 1945. Ab dem 22. Februar 1945 war die Division der 1. US Armee unterstellt und wurde dann bis zum 21. März vom III. Corps, anschließend bis zum 28. April vom V. Corps geführt. Danach wechselten die Unterstellungen zum VII., VIII. und V. Corps.

Die Division bestand aus folgenden Stäben und Einheiten:

- **H**qs **C**ompany, 9th Armored Division (Divisions-Stabskompanie)
- HHC, **C**ombat **C**ommand **A** (Stab und Stabskompanie CCA)
- HHC, **C**ombat **C**ommand **B** (Stab und Stabskompanie CCB)
- Hqs, **R**eserve Command (Stab für CCR)
- 2nd, 14th und 19th **T**ank **B**ataillons (Panzerbataillone)

Sherman M4, mittelschwerer Kampfpanzer der 9. Panzerdivision. [6]

M3 Halbkettenfahrzeug für eine Infanteriegruppe war Standardausrüstung der gepanzerten Infanteriebataillone AIB. [6]

Stuart M5, leichter Kampfpanzer, Ausstattung der vierten Kompanien in Panzerbataillonen. [6]

Pershing M26 schwerer Kampfpanzer mit 90 mm Bordkanone. Die 9. Panzerdivision hatte im März 1945 zehn Stück davon im Bestand. [2]

- 27th, 52nd und 60th **A**rmored **I**nfantry **B**attalions (Panzerinfanteriebataillone)
- **D**iv. **A**rty. **HQ** (Stabsbatterie für die Divisionsartillerie)
- 3rd, 16th und 73th **A**rmored **F**ield **A**rtillery **B**attalions (Panzerartilleriebataillone)
- 89th **C**avalry **R**econnaisance **S**quadron, **mec**hanized (Panzeraufklärungsbatallion)
- 509th **C**ounter **I**ntelligence **C**orps Det. (Abschirmungsstaffel)
- 656th **T**ank **D**estroyer **B**attalion (Panzerjägerabteilung)
- 482th AAA **A**utomatic-**W**eapons **B**attalion (Fliegerabwehrbataillon)
- HHC, **D**ivision **T**rains (Stab und Stabskomp. Versorgungsdienste)
- 2nd **M**edical **B**attalion, Armored (gepanzertes Sanitätsbataillon)
- 131th **A**rmored **O**rdnance **M**aintenance Battalion (Feldzeug- und Instandsetzungsbataillon)
- **M**ilitary **P**olice Platoon (ein Zug Militärpolizei)
- 9th **A**rmored **E**ngineer **B**attalion (Panzerpionierbataillon)
- 149th **A**rmored **S**ignal **C**ompany (Panzerfernmeldekompanie)

Ab Oktober 1942 war Generalmajor John W. Leonhard Kommandeur. Die Division hatte als Verluste auf dem europäischen Kriegsschauplatz:

570 Gefallene, 2280 Verwundete und 123 an Verwundungen Verstorbene.

Die Kopfstärke der amerikanischen Panzerdivision summierte sich auf 564 Offiziere und 10.052 Soldaten.

Sherman M4 mit 105 mm Feldhaubitze als Hauptbewaffnung. In den 1. bis 3. Kompanien des Panzerbataillons war je 1 Exemplar, in der Stabskompanie ein Zug mit drei Stück. [6]

M10 Panzerjäger mit 76 mm Panzerabwehrkanone des Panzerjägerbataillons TDB (36 Stück). [2]

M7 Panzerhaubitze 105 mm. Die Batterie hatte 6 M7, das Bataillon 18 Stück. [6]

Piper L4 „Grasshopper" Flugzeug für die Artilleriebeobachter. Jedes Panzerartilleriebataillon verfügte über zwei Exemplare. [2]

M8 Panzerspähwagen des Aufklärungsbataillons mit 37 mm Bordkanone als Hauptbewaffnung. [6]

Foto rechts: M8 HMC Sturmgeschütz mit 75 mm leichter Feldhaubitze auf Fahrgestell M5. [6]

Eine US-Panzerdivision führte:

- 168 **M4** Sherman-Kampfpanzer mit **75** bzw. **76 mm** Bordkanonen
- 83 **M5A1** Stuarts, leichte Kampfpanzer mit **37 mm** Bordkanonen
- 18 **M4** Sherman-Kampfpanzer mit **105 mm** Haubitzen
- 17 **M8** Panzerhaubitzen **75 mm** Howitzer Motor Carriage (HMC)
- 54 **M7** Panzerhaubitzen **105 mm** HMC
- 54 **M8** Rad-Aufklärungspanzer (Armored Car) mit **37 mm** Bordkanone
- 18 **M21** Granatwerfer **81 mm** auf Halbkettenfahrzeug M3
- 448 **M3** Halbkettenfahrzeuge verschiedener Ausführungen
- 24 **M32** ARV Bergepanzer
- mehr als 1500 Lastkraftwagen und Fahrzeuge
- 8 Verbindungs- und Aufklärungsflugzeuge Piper L-4 Grasshopper

Unterstellt waren in der Regel ein Panzerjäger- und ein Fliegerabwehrbataillon. Die Ausstattung mit Personal und Material entsprach meistens mehr als 90 % des Solls, nicht selten auch über 100%.

Chaos auf deutscher Seite in Remagen

Während sich für den Kampfverband Engeman ein militärisches Wunder anbahnte, versank im Brückenkopf Remagen eine organisierte Verteidigung im Chaos.

Kampfkommandant Hauptmann Bratge hatte zwar mit den am Ort stationierten Kräften einen Plan zur Verteidigung, wurde aber Anfang März 1945 von unvorhersehbaren Entwicklungen ausmanövriert:

Links: Generalfeldmarschall Walter Model/ Oberbefehlshaber der Heeresgruppe B, Mitte: Generalfeldmarschall Gerd von Rundstedt/ Oberbefehlshaber West. [6]

Die **Unterstellungsverhältnisse** wechselten ab Ende Februar mehrmals. Am 26. Februar kam mit dem Stichwort „Loreley" der Befehl vom Kommandeur des Kampfbereichs XII Nord, Generalleutnant Kurt von Berg, dass der Brückenkopf Remagen mit sofortiger Wirkung unter die Befehlsgewalt des vorwärts eingesetzten Fronttruppenteils gestellt wurde. Das war das Oberkommando der 5. Panzerarmee, dem jedoch diesem die schriftlichen Unterlagen nicht vorlagen. So konnte die Befehlsgewalt erst am 28. Februar 1945 übernommen werden.

Am gleichen Abend kam von der 5. Panzerarmee der fernmündliche Befehl, dass Remagen dem Arbeitsstab der 26. Volks-Grenadier-Division (VGD) unterstellt sei. Kommandeur war Generalleutnant Walter Botsch, der am 1. März beauftragt wurde, mit einem neu zu bildenden „Führungsstab Bonn-Remagen" die Verteidigung der beiden Brückenköpfe zu organisieren. Ihm standen die Reste der 18. und 26. VGD zur Verfügung.

Am Vormittag des 2. März kam von Generalleutnant von Berg die Mitteilung, dass das Stichwort „Loreley" vorzeitig zur Auslösung gekommen sei und dass es bei der vorherigen Unterstellung bliebe. In einem telefonischen Rückruf bei der 5. Panzer-Armee erfuhr Bratge, dass diese auf Aufrechterhaltung der Unterstellung bestand. Man wolle diese Angelegenheit sofort bei der Heeresgruppe B klären. Von der Entscheidung erfuhr der Kampfkommandant aber erst am 4. März. Wieder waren zwei wertvolle Tage verloren gegangen. Am Nachmittag des 5. März war Generalleutnant Botsch letztmalig bei Hauptmann Bratge zu einer Besprechung. Der General versprach die Zuführung von zwei Infanteriebataillonen, einer Artillerieabteilung und einer Batterie

Generalleutnant Kurt von Berg, Kommandeur des Kampfbereichs XII Nord [4], MSg 109/148.

8,8 cm Flak. Am 6. März wurde zusätzlich die Zuführung von zwei Pionierbataillonen schriftlich angekündigt.

Zum Monatswechsel hatten die Stäbe der 5. Panzerarmee und der 15. Armee ihren Zuständigkeitsbereich getauscht, sodass die 15. Armee des Generals Gustav von Zangen für Remagen verantwortlich war. Am 6. März um 20:00 Uhr unterstellte diese den Brückenkopf Remagen fernschriftlich dem LXVII. (67.) Armeekorps des Generals Otto Maximilian Hitzfeld. Dessen geschwächte Divisionen standen gut 60 km westlich von Remagen in schweren Abwehrkämpfen gegen die durchgebrochenen Amerikaner. General Hitzfeld bekam um ca. 01:00 Uhr am 7. März fernmündlich den Befehl, einen Generalstabsoffizier als Kampfkommandanten nach Remagen zu schicken.

General Gustav von Zangen, Oberbefehlshaber der 15. Armee. [6]

Um 01:30 Uhr beauftragte Hitzfeld den Major Hans Scheller aus seinem Stab, unverzüglich nach Remagen zu fahren, um dort das Kommando zu übernehmen. Ein motorisierter Funktrupp sollte Scheller noch zugeführt werden. Major Scheller traf am 7. März zwischen 10:00 und 11:00 Uhr ein und übernahm von Hauptmann Bratge das Kommando über den Brückenkopf Remagen. Sein Funktrupp geriet im Ahrtal in amerikanische Gefangenschaft.

Ohne dass Bratge bzw. Scheller jemals davon erfahren haben, waren die Brückenköpfe Bonn und Remagen am Nachmittag des 6. März zu einem gemeinsamen Verteidigungs-

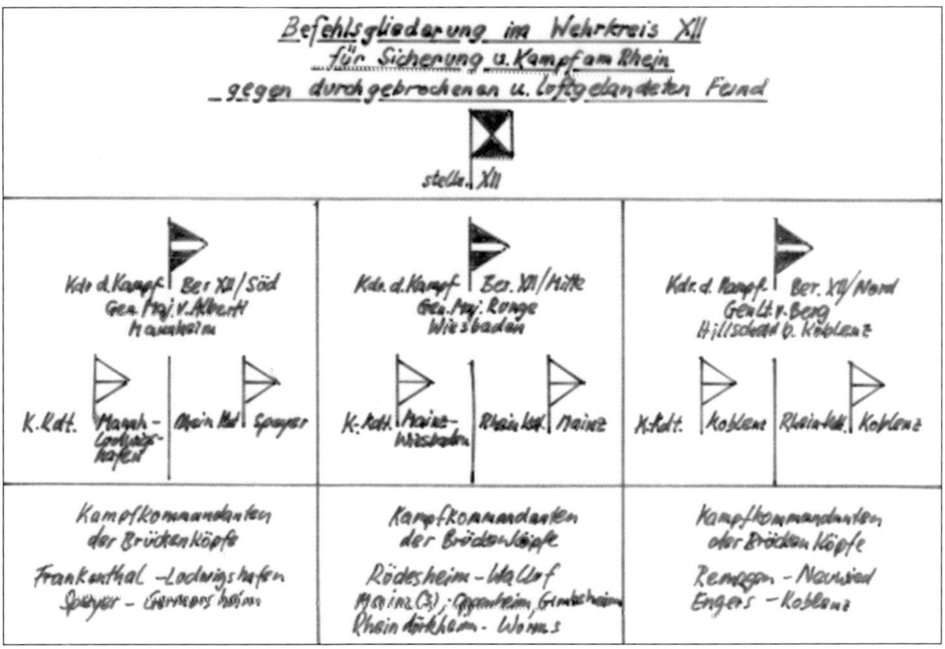

Quelle: [4] RL 19-510 bis 518, KTB Luftgaukommando XIV

Bild links: General der Infanterie Otto Maximilian Hitzfeld, Kommandierender General des LXVII. Armeekorps. [6]

Bild rechts: Major Hans Scheller, IIa-Offizier (Adjudant) des LXVII. Armeekorps und am 7. März 1945 für wenige Stunden Kampfkommandant von Remagen. [1]

bereich „Brückenkopf Bonn-Remagen" zusammengefasst und Generalmajor Richard von Bothmer, dem Kampfkommandanten von Bonn, unterstellt worden.

In diesen wechselvollen Tagen waren verlässliche **Fernmeldeverbindungen** zwischen den verantwortlichen Stäben und Offizieren entweder nicht vorhanden oder sehr mangelhaft. Das hatte zur Folge, dass die entscheidenden Führungspersonen nie oder zu spät über die genaue Frontlage im Bilde waren.

Die **Besetzung der Stellungen** entsprechend dem Plan zur Verteidigung kam am 7. März nicht zustande, weil

- die Teile der Luftnachrichtenkompanie vom Haus Ernich zur Monatswende Februar/März nach Osten verlegt worden waren;
- die Hitlerjungen des Wehrertüchtigungslager im Haus Calmuth in der Nacht vom 6. auf den 7. März den Befehl zur Verlegung in einen rechtsrheinischen Raum erhalten hatten. Nur wenige HJ-ler unter Führung einiger Unteroffiziere blieben und wurden als Sicherung westlich an der Birresdorfer Straße eingesetzt;
- die RAD-Leute Anfang März ihr Lager verlassen hatten und verlegt worden waren;
- die 20 Soldaten und 120 Ostfreiwilligen der 6. Kompanie/Nachschubbataillon 521 nicht mehr da waren, da sie auf Befehl der Heeresgruppe B anderenorts ein Munitionslager räumen mussten;
- die Verteidiger für Bodendorf fielen aus, da die Wehrmachtssoldaten auf die rechte Rheinseite verlegt hatten und sich der Volkssturm bei Herannahen der Task Force Prince ergeben würde;
- die Propagandakompanie in Kripp von der Heeresgruppe B den Verlegungsbefehl ins Rechtsrheinische erhalten und ausgeführt hatte;
- die Männer des Volkssturms von Kripp und Remagen sich versteckt hatten, um nicht noch in letzter Minute den „Heldentod" zu sterben.

So verfügte der Kampfkommandant Remagen nur über die an der Brücke gebundenen Pioniere des Hauptmann Friesenhahn und die Brückensicherungskompanie mit 36

Genesenden unter Führung seines Stellvertreters, dem Oberleutnant Wickelmayer. Diesen Soldaten befahl Hauptmann Bratge am Abend des 6. März, die von Kirchdaun und Birresdorf heranführenden Straßen zu sichern.

Bei den zahlreichen **Flak-Einheiten** hatten sich auch einschneidende Änderungen ergeben:

- den örtlichen Flakführer gab es nicht mehr
- die 2 cm Vierlinge auf der Erpeler Ley hatten nach Koblenz verlegt
- die drei Vierlinge südlich der Remagener Brückenauffahrt waren im Stellungswechsel zum rechtsrheinischen Ufer
- die linksrheinischen Teile der 5./ 667 waren im Stellungswechsel auf das Ostufer des Rheins (s. Foto Seite 12 unten)
- die zwei Züge der 5./ 715 an den Ahrbrücken hatten auch Befehl zum Stellungswechsel bekommen, konnten ihn aber nicht mehr ausführen
- die Eisenbahnflak im Gleisdreieck und südlich des Reisberges war schon Tage zuvor verlegt worden.

Einige Verlegungen sind dem Kampfkommandanten überhaupt nicht gemeldet worden. Dies führte am 7. März zwangsläufig zur Katastrophe.

An der Brücke hatten inzwischen die Pioniere der 12. Kompanie alle Planladungen ordnungsgemäß in den Brückenzufahrten auf dem linken Rheinufer und an der Brücke angebracht. Für die Schnellladung wurden jedoch nicht die errechneten 600 kg TNT angeliefert, sondern erst gegen 11:00 Uhr am 7. März nur 300 kg Donarit, ein gewerblicher Sprengstoff. Dieses Sprengmittel wurde normalerweise in Steinbrüchen verwendet und hatte eine deutlich geringere Wirkung als TNT. Das Donarit wurde in der Stahlkonstruktion über dem rechtsrheinischen Strompfeiler angebracht.

Die mitgelieferte Zündschnur war so kurz, dass die Sprengstelle nicht in den schützenden Tunnel gelegt werden konnte, sondern auf der Brücke oberhalb des Pfeilers lag.

Alles in allem war die Lage hoffnungslos und kein Verantwortlicher auf höherer Ebene wusste davon, bzw. wollte davon wissen. So nahm eine Entwicklung ihren Lauf, die in die jüngere Kriegsgeschichte eingehen sollte.

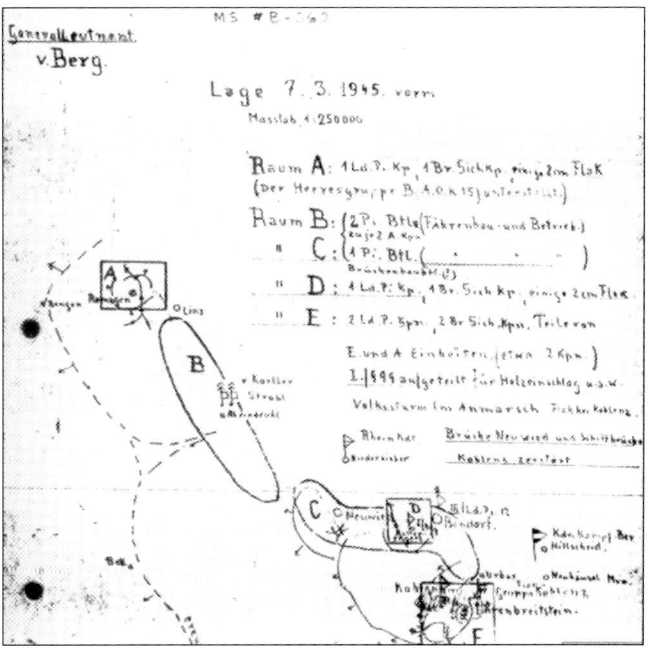

Lage am 7. März 1945 im Kampfbereich XII Nord. [4], MS-B 060

Angriff des Gefechtsverbandes (TF) Engeman auf Remagen

Um ca. 13:00 Uhr hatten die Soldaten von Leutnant Timmermann erstmalig die Ludendorffbrücke gesehen. Engeman und Hoge fassten den Entschluss, dass Timmermanns A-Kompanie abgesessen nach Remagen vorgehen sollte, weil sie befürchteten, dass die M3-Fahrzeuge in einen deutschen Hinterhalt geraten könnten. Die vier schweren Pershingpanzer von Leutnant Grimball sollten 20 Minuten später über die Birresdorfer Straße ins Städtchen folgen. Die C-Kompanie von Leutnant McMasters sollte aufgesessen auf ihren Halbkettenfahrzeugen folgen.

Leutnant Karl H. Timmermann war ab dem 6. März 1945 Chef der A-Kompanie des 27. AIB und führte den Angriff über die Ludendorffbrücke. [2]

Um 14:00 Uhr ging es los: Als erste stiegen Leutnant Burrows Infanteristen vom II. Zug an der Apollinariskirche vorbei nach Remagen hinunter. Die Sergeants Joe DeLisio und Michael Chinchar folgten links und rechts, die Flanken sichernd. Die Soldaten hielten aufmerksam Ausschau nach Heckenschützen, aber Remagen war menschenleer. Die drei Infanteriezüge drangen ins Städtchen ein – ohne Feindberührung.

Währenddessen stand General Hoge neben Oberstleutnant Engeman an der Straßenkurve oberhalb von Remagen und machte ihm unmissverständlich klar, was er von ihm erwar-

Das Erpeler Ufer im Bereich der Ludendorffbrücke wurde am Nachmittag des 7. März 1945 mit Nebelgranaten beschossen, um die deutschen Verteidiger zu blenden. [6]

Bild rechts: 81 mm Mörser / Granatwerfer M21 des Granatwerferzuges des 27. AIB verschießt WP (Nebel-) Granaten nach Erpel. [2]

Bild unten: M8 HMC leichte Panzerhaubitze beschießt das Erpeler Rheinufer mit Nebelgranaten. [2]

tete: „Nehmen Sie die Brücke so schnell wie möglich!“

Unten in Remagen arbeiteten sich ihre Soldaten entlang der Straßen von Haus zu Haus vor. Ängstliche Zivilisten zeigten weiße Tücher, waren glücklich und erleichtert, manche weinten vor Freude.

Die Kommandeure auf dem Berg erwarteten indes, dass die Deutschen die Brücke rechtzeitig in die Luft sprengen würden.

Als Grimballs Panzer unten ankamen, stellten sie fest, dass die Deutschen geflohen waren. Als sie näher an die Brücke fuhren, sahen sie auf dem rechten Rheinufer, etwa 800 m stromaufwärts, einen Eisenbahnzug unter Dampf. Mit wenigen Schüssen aus den 90 mm Kanonen wurde die Lokomotive zerschossen. Danach gingen drei Panzer auf der Straße in Stellung und verhinderten mit ihrem Feuer, dass sich die Deutschen an und auf der Brücke frei bewegen konnten. Der vierte Pershingpanzer sicherte nach Süden

Die Rampe zur Brücke auf der Remagener Seite. [2]

Die C-Kompanie des 27. AIB fuhr durch Remagen bis zur Brücke, um dann zu Fuß den kleinen Brückenkopf zu verstärken. [2]

zum Bahndamm hin. Timmermanns Soldaten näherten sich sprungweise der Brücke. Sie wurden von leichter Flak vom anderen Ufer beschossen. Die Pershings zerschossen diese 20 mm Flak.

Um 15:12 Uhr erfolgte im Bahndamm vor der Brücke eine Detonation, und die Amerikaner dort glaubten schon, dass die Brücke gesprengt worden sei.

Als Timmermann feststellte, dass die Brücke noch stand, gruppierte er seine Kompanie für den Angriff über die Brücke um.

Währenddessen war die C-Kompanie auf ihren Schützenpanzern die Birresdorfer Straße hinunter gefahren. Der erste Zug folgte dem Weg, den die Pershings genommen hatten, der zweite Zug fuhr durch Remagens Zentrum und der dritte Zug am Rheinufer entlang zur Brücke. Engeman befahl auch die restlichen Kampfpanzer der A-Kompanie/ TB 14 – neun Shermans – auf dem schnellsten Weg zur Brücke.

Brigadegeneral Hoge hatte um 15:15 über einen Offizier der TF Prince von Zivilisten in Sinzig bzw. durch Gefangenenaussagen erfahren, dass die Ludendorffbrücke um 16:00 Uhr gesprengt werden sollte. Diese Aussagen waren zwar unsicher, aber nun war er in einer Zwickmühle: Obwohl er seine Soldaten an der Brücke hatte, konnten die Panzer nicht darüber fahren, da die deutsche Vorsprengung die Zufahrtsrampen zerstört hatte. Ihm blieben noch 45 Minuten. Er fordert Oberstleutnant Engeman auf, das andere Rheinufer um die Brücke mit WP (White Phosphorous)-Munition einnebeln zu lassen. Dann sollte er unter dem Feuerschutz der Panzer und von Maschinengewehren durch seine Pioniere Zündleitungen und Sprengmunition auf der Brücke entfernen lassen, um sie dann mit Timmermanns Infanterie zu überschreiten.

Um nicht unnötig Zeit verstreichen zu lassen, befahl Engeman den Angriff. Als sich die Soldaten der A-Kompanie bereitstellten, gab es auf der anderen Seite eine gewaltige Explosion. Bei diesem Knall glaubte Timmermann, dass die Brücke nun zerstört worden sei. Als der Rauch sich verzogen hatte, glaubten die Amerikaner ihren Augen nicht trauen zu können: Die Brücke stand immer noch! Die Sprengladung hatte einige Stahlträger am hinteren Strompfeiler stromaufwärts verbogen und ein großes Loch in die Holzbohlenabdeckung gerissen. Der Kompaniechef stellte fest, dass seine Leute die Brücke noch überqueren konnten und gab den Befahl dazu. In der Reihenfolge I., III. und II. Zug liefen die Infanteristen los. Vorne mit dabei war eine Gruppe Pioniere unter Leutnant Mott, um Zündleitungen und Ladungen unschädlich zu machen.

Um diesen Angriff zu unterstützen, ließ Oberstleutnant Engeman von den Panzerjägern, Sturmgeschützen und dem Granatwerferzug des 27. AIB auf der Rheinhöhe oberhalb der Apollinariskirche Nebelgranaten auf das Erpeler Ufer im Bereich der Brücke schießen. Dadurch sollten die deutschen Verteidiger geblendet werden.

Als Chinchars I. Zug sich über die Brücke von Deckung zu Deckung vorarbeitete, gab DeLisios III. Zug Feuerschutz, da die Deutschen vom anderen Ufer aus schossen. Die Männer des I. Zuges erreichten ohne Verluste die Erpeler Brückentürme, obwohl aus einem der Turmfenster ein deutsches Maschinengewehr auf die angreifenden Amerikaner geschossen hatte. Allerdings verhinderten die senkrechten Brückenträger, dass das Feuer jemanden traf.

Pionierleutnant Mott hatte inzwischen das Stahlrohr mit der Zündleitung gefunden und die Ringleitung unterbrochen.

Sergeant DeLisio stürmte in den Oberstromturm, von dem aus geschossen wurde. Der erste Raum war leer, er hastete schussbereit die Wendeltreppe hoch weil er oben das MG-Feuer hörte. Oben stürmte er den Raum, in dem drei Deutsche mit dem MG schossen. Als er einige Warnschüsse abgab, hoben die Deutschen die Hände und ergaben sich. DeLisio drängte die jungen Soldaten von der Waffe weg und warf das MG aus einem Fenster. So gut er konnte erkundigte er sich, ob noch andere im Turm seien. Die Deutschen versicherten ihm, dass sie die einzigen wären. Dennoch kontrollierte DeLisio noch den obersten Raum, um dann die Gefangenen nach unten zu begleiten. Dabei begegnete er einem deutschen Offizier mit Begleiter, die er auch gefangen nahm.

Zur gleichen Zeit hatte Sergeant Chinchar zwei seiner Leute in den linken Turm geschickt, wo diese einen einzelnen Deutschen gefangen nahmen, der auch ein MG hatte.

Es war kurz nach 16 Uhr gewesen, als mit Sergeant Alex Drabik der erste Amerikaner das rechte Rheinufer erreicht hatte.

Wenig später hatten die 70 Männer der A-Kompanie einen kleinen Brückenkopf auf dem Ostufer des Rheins gebildet. Der II. Zug ging in Richtung Erpel vor, während der I. Zug in Richtung Linz Stellung bezog.

Nachdem DeLisio aus dem rechten Brückenturm zurückgekommen war, erhielt er von Leutnant Timmermann den Befehl, mit vier seiner Männer in den Tunnel aufzuklären. Der künstliche Nebel schränkte die Sicht ein und

Diese Ansicht macht deutlich, dass die vorgehenden US-Infanteristen von den Brückenstreben geschützt worden sind. [2]

Dieser Dozer-Sherman hatte mit seiner großen Räumschaufel den Trichter der Vorsprengung in kurzer Zeit zugeschoben. [2]

die Krümmung des Tunnels erschwerte den Blick hinein. Als die Fünf näher gekommen waren, sahen sie schemenhaft Personen. Nach der Abgabe eines Warnschusses hoben vier deutsche Soldaten die Hände und ergaben sich. Als DeLisio ein Stück weit in den Tunnel hinein gegangen war, sah er im Tunnel Zivilisten in den Nischen stehen, von Soldaten keine Spur.

Brigadegeneral Hoge hatte den Angriff der A-Kompanie von der Höhe über der Apollinariskirche aus beobachtet, als ein Befehl der Division eintraf. Generalmajor Leonhard verlangte, weiter nach Süden vorzustoßen, um den deutschen Truppen einen Rückzug zum Rhein zu vereiteln. Um den Überraschungserfolg nicht zu gefährden, meldete Hoge um 16:18 Uhr an seinen Divisionskommandeur:

„Wir haben eine intakte Brücke über den Strom bei Remagen genommen. Soll ich im Hinblick auf den neuen Auftrag, nach Süden anzugreifen, den Brückenkopf halten? Um 16:10 Uhr hatten wir bereits eine Kompanie auf der anderen Seite.“

Von seinem Gefechtsstand gab er Engeman und Deevers klare Befehle: „Entfernt die Sprengladungen aus der Brücke und sichert den Berg, wir werden euch den Rücken freihalten und mit zusätzlichen Truppen verstärken. Grabt euch gut auf dem Berg ein und errichtet Straßensperren mit Minen auf dem Ostufer des Rheins!“

Kaum hatte die A-Kompanie die Brücke überquert, begann die C-Kompanie unter Leutnant McMasters den Übergang. Ein Shermanpanzer mit Räumschaufel fing nun an, den Krater der Vorsprengung mit Erdreich zuzuschieben. Zwei deutsche 3,7 cm Flaks von der anderen Rheinseite beschossen diesen Sherman, wurden aber von den Kampfpanzern der A-Kompanie ausgeschaltet.

Generalmajor Leonhard zeichnet Alex Drabik aus, weil er der erste Amerikaner auf dem rechten Rheinufer gewesen ist. [2]

Deutsche Sprengversuche und das Ende im Tunnel

Brückenkommandant Hauptmann Friesenhahn hatte am Nachmittag des 6. März begonnen, die Brücke ausbohlen zu lassen. Um 21:00 Uhr waren diese Arbeiten abgeschlossen, aber es konnten noch keine Fahrzeuge darüber fahren, weil die Reichsbahn noch 12 Züge angemeldet hatte, die in der Nacht über die Brücke sollten. Außerdem war es bei Dunkelheit zu gefährlich, den z.T. schadhaften Brückenbelag zu befahren. Deshalb hatten Bratge und Friesenhahn die Freigabe der Brücke für den Fahrzeugverkehr auf 5:00 Uhr am 7. März festgelegt.

Ein stehender Spähtrupp des WEL hatte am Abend gemeldet, dass die Amerikaner mit starken Panzerkräften den Raum westlich von Birresdorf erreicht hatten. Von der Bezirkskommandantur Ahrweiler erfuhr Bratge, dass aus Ringen, einem Dorf nördlich von Ahrweiler, Panzerfeuer zu hören sei. Ein Vorstoß der Amerikaner in das Ahrtal wurde erwartet.

Der Kampfkommandant meldete an die Heeresgruppe B, dass mit einem amerikanischen Vorstoß auf Remagen am Vormittag des 7. März gerechnet werden müsse.

Während der Nacht vom 6. auf den 7. März konnte Bratge nicht verhindern, dass Fahrzeugkolonnen die eingerichteten Ablaufpunkte ignorierten und einfach in Richtung Brücke fuhren. Ab der Freigabe der Brücke lief der Übersetzverkehr mehr oder weniger reibungslos bis kurz vor 13:00 Uhr am 7. März. Es gelang dem Hauptmann jedoch nicht, Soldaten von Kampftruppen aus den endlosen Kolonnen heraus zu nehmen, um sie seinem Befehl zu unterstellen. Er benötigte dringend kampferprobte Formationen, um die Brückenkopfstellung zumindest an den gefährlichsten Stellen zu besetzen.

Um 10:28 Uhr hörte Bratge an der Brücke MG- und Gewehrfeuer aus Richtung des Viktoria-Berges, auf dem er Teile der Brückensicherungskompanie in Stellung hatte.

Gegen 11:00 Uhr wurde die Sprengmunition für die Schnellsprengung angeliefert und von den Pionieren eingebaut. Kurze Zeit später stellte sich Major Hans Scheller vom LXVII. Armeekorps bei Bratge vor und übernahm das Kommando von ihm. Dieser wies ihn in die Lage vor Ort ein. Kurz vor 12:00 Uhr bekam Hauptmann Friesenhahn den Befehl zum Zündfertigmachen der Brücke.

Ansicht des Tunneleingangs von der Brücke aus. [2]

Schadensstelle der zu schwachen Schnellsprengung mit Donarit, im Vordergrund Schützengräben und Drahthindernisse des Brückenigels. [2]

Schaden der Schnellsprengung oberhalb des rechtsrheinischen Strompfeilers. [2]

Um 12:50 Uhr ließ Major Scheller den Gefechtsstand von Remagen in einen Geräte- und Mannschaftswaggon im Tunnel verlegen. Nach 13:00 Uhr beantragte der Kommandeur einer bespannten Artillerieabteilung der 277. VGD, die Brücke noch nicht zu sprengen, weil noch sieben seiner Feldhaubitzen aus Richtung Köhlerhof kommend über die Bücke müssten. Bald darauf meldete der verwundete Oberfeldwebel Rothe, dass die Brückensicherungskompanie nach kurzer Feindberührung in Gefangenschaft gegangen sei.

Scheller kam um 14:20 Uhr in den Tunnel, während schon amerikanisches Infanterie- und Panzerfeuer im Brückenbereich einschlug.

Hauptmann Friesenahn zündete auf Befehl Schellers persönlich um 14:35 Uhr die Vorsprengung in den Brückenauffahrten und gelangte trotz Beschusses unversehrt in den Tunnel zurück. Er meldete, dass bereits amerikanische Infanterie in dem Holzbetrieb neben der Brückenrampe wäre. Daraufhin forderte Hauptmann Bratge die sofortige Sprengung der Brücke. Friesenhahn lehnte jedoch mit Hinweis auf den Vorbehalt des Major Scheller, der sich nicht im Brennpunkt des Geschehens aufhielt, ab. Zu dieser Zeit schossen die Amerikaner bereits Nebel auf die Erpeler Seite.

Bratge suchte und fand Major Scheller am anderen Ende des Tunnels und bedrängte ihn, den Sprengbefehl zu erteilen. Um 15:20 Uhr erteilte Scheller den Befehl, und Bratge leitete ihn an Friesenhahn weiter. Lange Minuten passierte nichts. Die Zündung hatte versagt, obwohl die letzte Überprüfung um 15:12 Uhr positiv gewesen war. In dieser Lage blieb nur noch die Schnellsprengung, deren Zündstelle auf der Brücke oberhalb des diesseitigen Strompfeilers lag.

Als Freiwilliger für dieses Himmelfahrtskommando meldete sich Pionier-Unterfeldwebel Anton Faust. Es gelang ihm unter amerikanischem Beschuss die Zündung der Schnellladung, ohne dass ihm etwas zustieß.

Gegen 15:40 Uhr detonierte das Donarit mit einem dumpfen Knall. Die Brücke hob sich etwas an und fiel in ihr Lager zurück. Stahlträger waren verbogen und die Ausbohlung war auf einem größeren Stück zerstört.

Bratge meldete die missglückte Sprengung gegen 15:55 Uhr an Scheller, der sich noch immer im Bereich des nördlichen Tunnelportals aufgehalten hatte.

Minuten später wurde bekannt, dass amerikanische Infanterie über die Brücke stürmte. Der südliche Tunneleingang lag unter pausenlosem Infanterie- und Panzerfeuer, das auch in den Tunnel hineinschlug. Unter diesen Umständen war die Organisation eines Gegenstoßes aus dem Tunnel heraus völlig zwecklos. Die Zivilbevölkerung im Tunnel fing an, die Soldaten zu bedrängen, endlich aufzugeben, denn auf dem nichtbenutzten Gleis standen mutmaßlich drei mit Benzin gefüllte Eisenbahnkesselwagen.

Hauptmann Bratge, der im Tunnel ständig von vorne nach hinten zu Major Scheller pendeln musste, erwartete nun endlich eine Entscheidung vom Kampfkommandanten. Weil aber um ca. 16:40 Uhr Scheller vom Tunnelende verschwunden war, übernahm Bratge das Kommando wieder. Als gegen 17:00 Uhr ein Ausbruch nach Norden gestartet wurde, stellen die Soldaten fest, dass die Amerikaner dort die Falle geschlossen hatten und mit Gewehrfeuer und Handgranaten den Ausbruch verhinderten. Ein Eisenbahner in Uniform und ein Kind wurden verletzt, die Zivilisten gerieten in Panik.

Um 17:12 Uhr rief Hauptmann Bratge die Offiziere zusammen und befahl die sofortige Einstellung des Kampfes. Wenig später verließen alle Soldaten den Tunnel und traten den Weg in die Kriegsgefangenschaft an. Die Zivilisten mussten noch im sicheren Tunnel bleiben, da Erpel Kampfzone war.

Kolonnen deutscher Kriegsgefangener überquerten die Behelfsbrücke des Flutbogens. [2]

Amerikanischer Brückenkopf und erste Gegenangriffe

Die C-Kompanie des 27. AIB war über die Ludendorffbrücke gelaufen und ging nach Erpel vor, um dort vom Rheinufer bis zum nördlichen Tunnelausgang eine Sicherungslinie zu bilden. Die später folgende B-Kompanie erstieg unter Verlusten die Erpeler Ley, wo sie verlassene 2 cm-Flaks vorfand. Schließlich bildete die A-Kompanie eine Straßensperre an der R 42, einige Hundert Meter ostwärts der Brücke.

Leutnant Mott von den Panzerpionieren meldete, dass alle gefundenen Sprengladungen von der Brücke entfernt und in den Rhein geworfen worden seien. Für die Reparatur der Fahrbahn forderte er die Zufuhr von Holzbohlen an.

Die Deutschen im Tunnel hatten inzwischen kapituliert und waren über die Brücke aufs andere Ufer geführt worden.

Gegen 18:00 Uhr konnten Oberstleutnant Engeman und Major Deevers melden, dass ihre Truppen die Erpeler Ley eingenommen hätten, aber von 20 mm Flaks und Mörsern beschossen würden.

Die deutsche Artillerieabteilung der 277. VGD, die noch über die Brücke fahren wollte, war zwischen Plattborn und Viktoriaberg hängen geblieben. Engeman beauftragte die leichte Panzerkompanie unter Leutnant Dimitri Paris, sich um die Artillerie zu kümmern.

Am frühen Abend kam Generalmajor Leonhard auf den Gefechtsstand seines CCB-Kommandeurs und gab ihm volle Rückendeckung für seine Entscheidungen. Er widerrief den Befehl, weiter nach Süden vorzustoßen und ermunterte Hoge, den Brückenkopf mit allen verfügbaren Kräften zu verstärken.

Die Erfolgsmeldung wurde an das III. Corps weitergegeben, dort bestätigte der Chef des Stabes die Entscheidungen der Division, da General Millikin nicht anwesend war. Als es dunkel wurde bemühte sich Leonhard, zusätzliche Einheiten zu finden, mit denen er den Brückenkopf verstärken wollte. Man organisierte weitere Übersetzmöglichkeiten durch kleine Landungsboote (LCVPs) und Schwimm-Lastkraftwagen (DUKWs), die ober- und unterhalb der Brücke zu Einsatz kommen sollten.

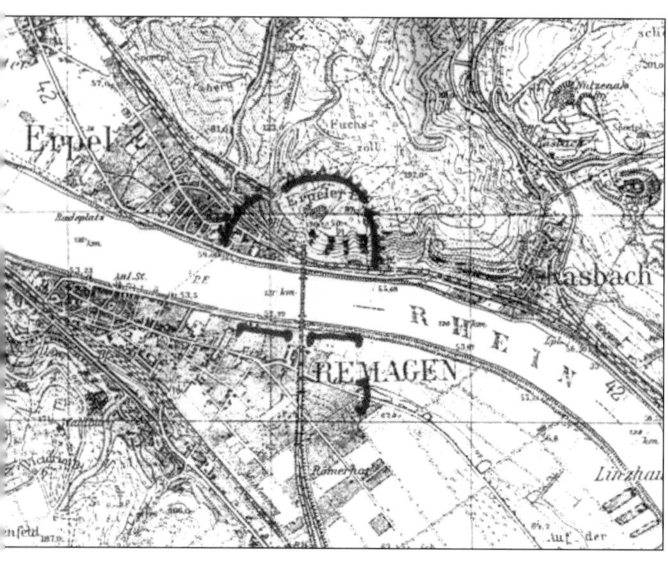

Der amerikanische Brückenkopf am 7. März 1945 um 24:00 Uhr. [6]

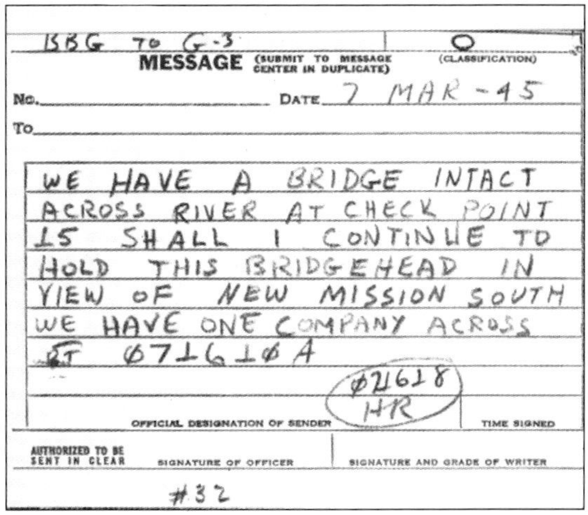
BBG TO G-3 MESSAGE (SUBMIT TO MESSAGE CENTER IN DUPLICATE) O (CLASSIFICATION)

No. DATE 7 MAR - 45

To

WE HAVE A BRIDGE INTACT ACROSS RIVER AT CHECK POINT 15 SHALL I CONTINUE TO HOLD THIS BRIDGEHEAD IN VIEW OF NEW MISSION SOUTH WE HAVE ONE COMPANY ACROSS AT 0716104

021618 HR

OFFICIAL DESIGNATION OF SENDER — TIME SIGNED

AUTHORIZED TO BE SENT IN CLEAR — SIGNATURE OF OFFICER — SIGNATURE AND GRADE OF WRITER

#32

Meldung des CCB an die 9. Panzerdivision. [6]

Bild unten: US Infanterie marschiert auf der rechtsrheinischen Abfahrt in Richtung Linz. [2]

In den ersten 24 Stunden nach der Einnahme der Ludendorffbrücke gelang es, folgende Einheiten mit 8.000 Soldaten überzusetzen:

- das 27. Panzerinfanteriebataillon, 9. Panzerdivision
- das 52. Panzerinfanteriebataillon, 9. Panzerdivision
- das 14. Panzerbataillon, 9. Panzerdivision
- das 47. Infanterieregiment, 9. Infanteriedivision
- das I. Bataillon / 60. Infanterieregiment, 9. Infanteriedivision
- das 311. Infanterieregiment, 78. Infanteriedivision
- das I. und II. Bataillon / 310. Infanterieregiment, 78. Infanteriedivision
- die C-Kompanie / 656. Panzerjägerbataillon, 9. Panzerdivision
- die C-Kompanie / 89. Panzeraufklärungsbataillon, 9. Panzerdivision
- ein Zug der B-Kompanie/ 9. Panzerpionierbataillon, 9. Panzerdivision
- eineinhalb Batterien des 482. Flakbataillons, 9. Panzerdivision

In den folgenden Tagen verstärkten die anderen Teile der 9., 78. Infanterie- und 9. Panzerdivision sowie die 99. Infanteriedivision den Brückenkopf auf dem Ostufer des Rheins.

Ab 00:15 Uhr am 8. März war die Brücke soweit vorbereitet, dass die neun Sherman-Kampfpanzer des 14. TB ganz vorsichtig hinüber fahren konnten. Fünf Shermans fuhren nach Erpel zur C-Kompanie, die anderen vier Panzer bildeten zusammen mit der A-Kompanie eine Straßensperre in Richtung Linz. Die Pershings blieben am Remagener Ufer, weil die behelfsmäßigen Reparaturstellen deren Gewicht nicht tragen konnten.

Kaum waren die Shermans in Erpel angekommen, mussten sie auch schon den Angriff von deutschen Pionieren abwehren, die versuchten, die Brücke mit Sprengstoff zu erreichen. Der Gegenangriff wurde mit 12,7 mm MGs und Handgranaten abgewehrt. Dabei wurden wegen der Dunkelheit keine Gefangenen gemacht. Erst am Morgen kamen zehn Deutsche aus ihren Verstecken und ergaben sich.

Ein zweiter deutscher Gegenangriff kam aus Kasbach und wurde 800 m ostwärts der Brücke an der Straßensperre abgewehrt.

Major Strobel hatte ca. 60 Pioniere in Hönningen für dieses Unternehmen befohlen. Sie sollten bepackt mit Sprengmunition an die Brücke herankommen, um sie zu sprengen. Es wurden 15 Deutsche gefangen genommen. Ein zweiter Versuch einige Stunden später schlug ebenfalls fehl, und es gingen 22 Pioniere von Strobel in Gefangenschaft.

Gleichzeitig griffen Infanteristen und Pioniere aus Bruchhausen über Orsberg an, um nach Erpel zu gelangen. Die Angreifer hatten keinerlei der Kenntnis amerikanischen Stellungen. So liefen sie den Amerikanern ins Feuer und zogen sich fluchtartig nach Bruchhausen zurück.

Truppenverstärkungen für den rechtsrheinischen Brückenkopf rollten über die zwei Rampen auf die Ludendorffbrücke. [2]

Bild unten: Amerikanische Infanterie gingen nach Erpel vor. [2]

Um 03:00 Uhr begann die C-Kompanie der Panzerjäger, ihre M10-Panzer vorsichtig über die Brücke fahren zu lassen. Dabei fuhr sich ein Panzerjäger fest und blockierte drei Stunden lang den Übersetzverkehr. Um 04:00 Uhr hatte das gesamte 52. AIB zu Fuß die Brücke überschritten und wurde im Nordwestteil des Brückenkopfes eingegliedert. Ab 04:00 Uhr ging das I. Bataillon des 310. Infanterie-Regiments über den Rhein und wurde auf Kasbach angesetzt. Dabei war einem Infanterie-Zug, der über die Erpeler Ley nach Kasbach vorgegangen war, ein deutscher Stoßtrupp mit Sprengstoff in die Hände geraten. Sieben Deutsche wurden gefangen genommen.

Bei Tagesanbruch richtete Brigadegeneral Hoge seinen Gefechtstand in Erpel ein und erwartete von seinen unterstellten Kommandeuren dasselbe.

Bild rechts: Alle verfügbaren Einheiten wurden auf das Ostufer befohlen [2]

Bild unten: Lastkraftwagen mit 57 mm Panzerabwehrkanone und Infanterie auf dem Weg nach Erpel. [2]

Ausweitung des Brückenkopfes und seine Sicherung

Alle amerikanischen Kommandeure, von Brigadegeneral Hoge bis zum Oberfehlshaber in Westeuropa hatten eine Sorge: Dass der anfangs schwache Brückenkopf auf dem Ostufer des Rheins durch deutsche Gegenangriffe beseitigt werden könnte.

Deshalb hat Eisenhower entgegen der strategischen Planung die Truppenverstärkung auf dem „Berliner Ufer" mit allen Mitteln unterstützt.

Eine Kommandoebene tiefer ist die alte Rivalität zwischen den Generälen Bradley, Hodges und Patton auf der einen Seite und den britischen Generäle auf der anderen Seite neu entbrannt. Durch das Wunder von Remagen eröffneten sich für die 12. US Heeresgruppe Möglichkeiten, die keiner geplant hatte. Der militärische Ruhm, als erster mit seinen Truppen den Rhein überschritten zu haben, war dem Feldmarschall Montgomery entgangen. Aus seiner Sicht war er von der amerikanischen Konkurrenz gestohlen worden. Das führte so weit, dass „Monti" bei seinem Premierminister Winston S. Churchill intervenierte, und dieser über den amerikanischen Präsidenten veranlasste, dass die Ausweitung des Brückenkopfes auf maximal 1000 Yards je Tag begrenzt wurde.

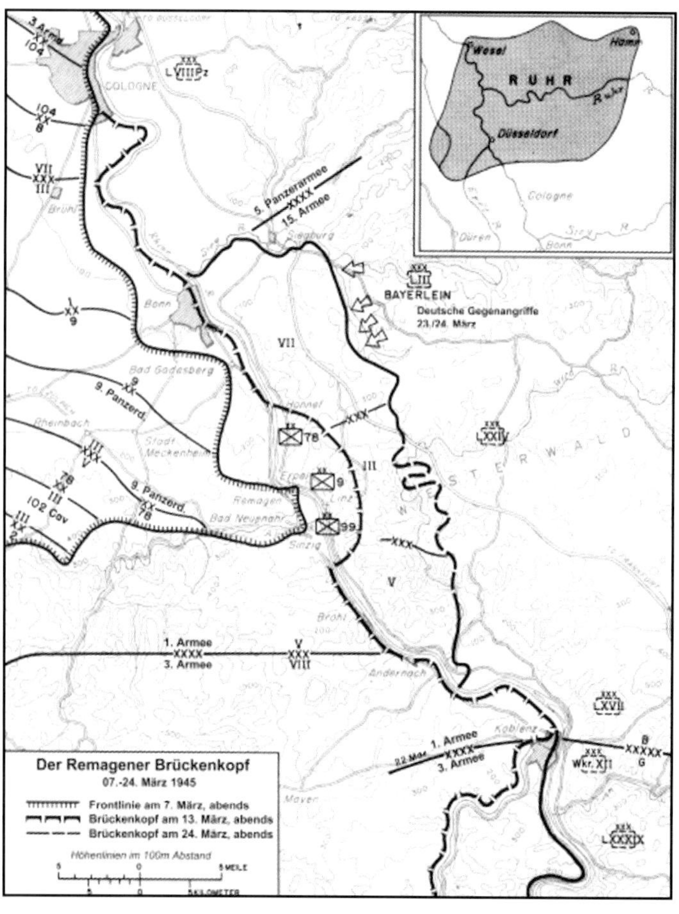

Auf der taktischen Ebene hatten die Kommandeure andere Sorgen. Die rasant steigende Truppenstärke im Brückenkopf erforderte einen umfangreichen logistischen Aufwand. Verkehrsinfrastruktur und Übergangsmöglichkeiten am Rhein verlangten eine große Anstrengung, die gemeistert worden ist.

Gerade die Brücken und Fährstellen am Rhein waren Schwachstellen, die geschützt werden mussten. Gefahr drohte nicht nur vom Boden, sondern auch aus der Luft und dem Wasser des Rheins.

Um die Gefahr von Panzerangriffen zu bannen, verlegte die 1. US Armee starke Panzer- und Panzerjägerkräfte in den Brückenkopf. Die vielfache Überlegenheit an Infanterie war im bewaldeten Hügelgelände ostwärts des Rheins für die Amerikaner von Vorteil. In der technischen Aufklärung feindlicher Artilleriestellungen war die US Armee der deutschen Wehrmacht bei weitem überlegen. Mit ihrem Artillerie-Ortungsradar lokalisierten und bekämpften sie wirkungsvoll deutsche Artilleriestellungen. Deshalb konzentrierte die 1. US Armee sehr viele Batterien auf den westlichen Rheinhöhen.

Dass die deutsche Luftwaffe die Brücken angreifen würde, war für die Amerikaner klar. Sie etablierten einen Flakschutz rund um den Großraum Remagen, der beispiellos war. Parallel dazu schützten Staffeln von Jagdflugzeugen ständig den Luftraum bei Remagen. Die 9. US Air Force flog mit allen verfügbaren Kräften Luftraumüberwachung. Obwohl die deutsche Luftwaffe zum Teil modernste und schnellere Kampfflugzeuge einsetzte, behielt die Air Force mit ihrer zahlenmäßigen Überlegenheit die Luftherrschaft und verhinderte zusammen mit den Flakkräften, dass die Nachschublinien über den Rhein nachhaltig unterbrochen wurden.

Die Gefahr für die Brücken aus dem Rhein heraus durch Treibminen oder Kampfschwimmer wurde sehr frühzeitig erkannt. Genauso wie der deutsche Brückenkommandant Friesenhahn, spannten amerikanische Pioniere bei Leubsdorf Minennetze durch den Rhein und überwachten erfolgreich die Wasseroberfläche bei Tag und Nacht.

Unter diesen Schutzmaßnahmen gelang es der US Armee, den Brückenkopf so zu verstärken, dass er nicht mehr beseitigt werden konnte.

Bis zum 13. März hatten die 9., 78. und 99. Infanteriedivisionen unter einem Korpsstab in den Brückenkopf verlegt.

Die Generäle Bradley und Hodges waren indes mit der Operationsführung von Generalmajor Millikin im Hinblick auf die Ausweitung des Brückenkopfes nicht zufrieden. Am 17. März abends übernahm deshalb Generalmajor James A. Van Fleet das Kommando über das III. US Corps.

Generalmajor James A. Van Fleet übernahm am 17. März 1945 das Kommando über das III. Corps. (Foto von 1951) [11]

Eine Woche später war die gesamte 1. US Armee mit ihren drei Korps (VII., III. und V.) auf dem Ostufer des Rheins. Die Grenzen zwischen 1. und 3. Armee waren von Andernach nach Koblenz verschoben worden. General Patton hatte am 15. März die Mosel überschritten und anschließend den Hunsrück genommen. Am Abend des 22. März überschritt er bei Nierstein-Oppenheim den Rhein, einen Tag bevor Feldmarschall Montgomery am Niederrhein seine lange geplante Offensive begann.

Die Bodenkämpfe um den Brückenkopf zwischen dem 8. und 24. März 1945 waren davon geprägt, dass die Wehrmacht mit zu schwachen Kräften und nur örtlich kleinere Gegenangriffe beginnen konnte. Manchmal wurden begrenzte Erfolge erzielt, die aber kurze Zeit später durch die amerikanische Überlegenheit an Menschen und Material zunichte gemacht wurden.

Die psychologische Analyse kommt zu dem Ergebnis, dass auf deutscher Seite die meisten der Soldaten den Krieg schon lange verloren sahen und nur noch die eigene Haut unversehrt über das baldige Kriegsende hinaus retten wollten. Die äußerst mangelhafte Versorgung mit den wichtigsten Gütern, der kräftezehrende Rückzug und die hoffnungslose Lage hatten die Kampfmoral auf den Tiefstpunkt gebracht.

Auf der amerikanischen Seite hatte man die anfangs gefährliche Ardennenoffensive zurückgeschlagen und die zermürbenden Kämpfe am Westwall überstanden. Seit Ende Februar trieb man die geschlagenen Deutschen vor sich her und hatte am 7. März mit etwas Kriegsglück den deutschen Schicksalsstrom Rhein überschritten. Die große Anzahl an Deutschen, die in Kriegsgefangenschaft gerieten oder freiwillig aufgaben, zeigte den amerikanischen Soldaten, dass der Sieg nahe war.

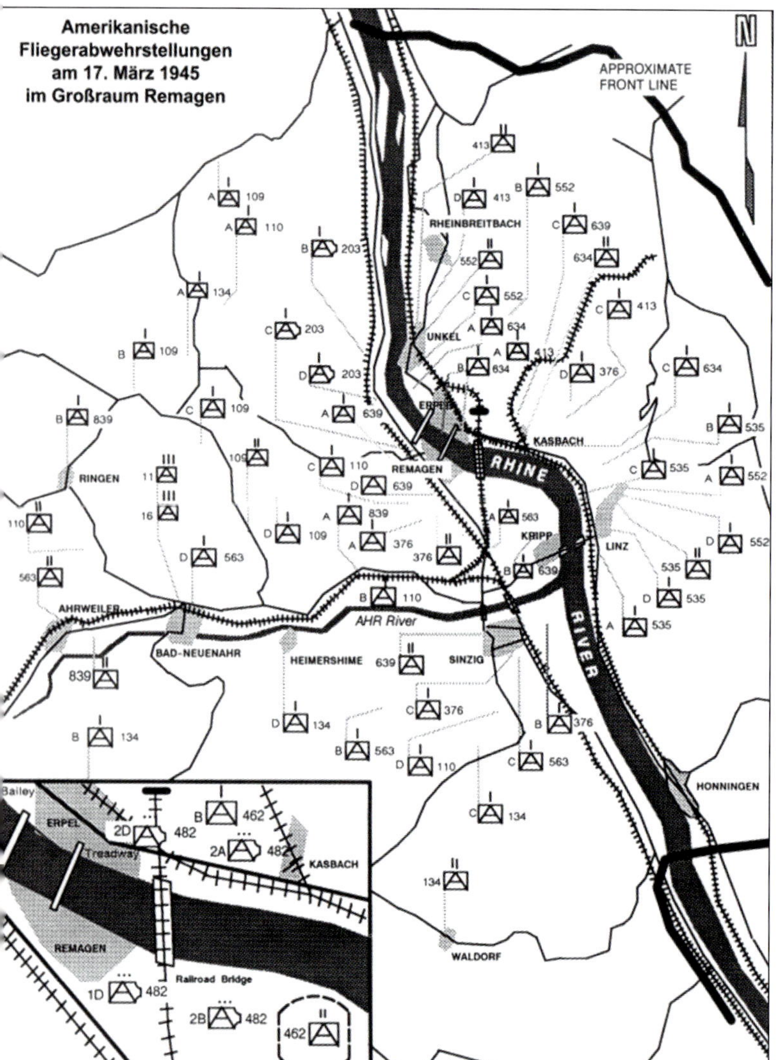

Erläuterungen zur Karte:

11th AAA Group (Führungs
16th AAA Group (Führungs
109th AAA Gun BN
110th AAA Gun BN
134th AAA Gun BN
415th AAA Gun BN
203rd AAA AW BN (sp)
376th AAA AW BN
462nd AAA AW BN
482nd AAA AW BN (sp)
535th AAA AW BN
552nd AAA AW BN
563rd AAA AW BN
634th AAA AW BN
659th AAA AW BN
859th AAA AW BN
AAA= Anti Aircraft Artillery
gerabwehrartillerie
Gun = 90 mm Fla-Kanonen
BN = Battalion
AW = Automatic Weapon = S
ladeflaks im Kaliber 12,7
37 mm oder 40 mm
(sp) = self-propelled = auf S
fahrlafette

(Quelle: u.a. The Hammer of Hell, by Col. E. Paul Semmons, Fort Bliss, 29. Jan. 1999)

Die eigene Übermacht wurde auch durch den ständigen Nachschub neuer Divisionen vom Heimatland auf den europäischen Kriegsschauplatz deutlich.

Zwei Gesichtspunkte dürfen nicht vergessen werden: Die amerikanischen Soldaten bekamen täglich eine warme Mahlzeit und litten keinen Hunger. Ein Drittel der Kampfverbände war abwechselnd in Reserve und konnte sich auffrischen.

Die Stärke der amerikanischen Fliegerabwehr am Brückenkopf Remagen unter zwei Fla-Gruppen-Führungsstäben war:

4 x AAA Kanonen-Bataillone mit je

- 16 x 90 mm Flak
- 16 x 12,7 mm Vierlings-MG
- 39 x 12,7 mm Solo-MG und

9 x AAA-Selbstladeflaks Bataillone mit je

- 32 x 40 mm Flak
- 32 x 12,7 mm Vierlings-MG
- 22 x 12,7 m Solo-MG

Der Flakschutz bestand insgesamt aus:

- 64 x 90 mm Flak
- 288 x 40 mm Flak
- 352 x 12,7 mm Vierlings-MG
- 354 x 12,7 mm Solo-MG

Die amerikanische 90 mm Fliegerabwehrkanone (Flak) M1 [2]

Eine 40 mm Flak Bofors sichert am Erpeler Rheinufer die Brücken [2]

M 15 Fla-Selbstfahrlafette mit einer 37 mm Flak und zwei schweren 12,7 mm Fla-MGs auf den linksrheinischen Eisenbahngleisen unterhalb der Apollinariskirche. [2]

Bild oben links:12,7 mm (.50 cal) Vierling auf Anhänger wacht bei Erpel. [2]

Bild oben rechts: Sperrballon der 974th P Squadron (Royal Air Force) wurde nördlich Erpel startklar gemacht. [2]

Bild links: Ein wassergekühltes 12,7 mm Fla-MG Browning des 535th AAA AW Bn. [6]

Bild unten: Hochleistungsjagdflugzeug P-51 Mustang North American mit sechs 12,7 mm MGs. [6]

Bild rechts: Zusätzlich gingen Infanteriepatrouillen am Rheinufer Streife, um gegen Kampfschwimmer zu sichern. [2]
Bild rechts unten: Beiderseits des Rheins überwachten Posten mit schweren 12,7 mm MGs den Rhein [2]
Bild unten: Flussaufwärts von Leubsdorf war die erste Netzsperre durch den Rhein gespannt. [2]

Amerikanische Pionierbrücken zwischen Rolandseck und Niederbreisig

Nachdem der Flussübergang in Remagen-Erpel geglückt war, hatte General Eisenhower die Operationsplanung dahingehend geändert, dass die 1. Armee alle verfügbaren Truppenverbände in den rechtsrheinischen Brückenkopf verlegen musste. Der taktische Erfolg sollte strategisch ausgenutzt werden.

Der Nachschubbedarf der voll motorisierten US-Armee war ungleich größer als der der Wehrmachtstruppen. Deshalb mussten die Möglichkeiten, Soldaten und Material auf das Ostufer des Rheins zu bringen, schnellstens verbessert werden. Die Ludendorffbrücke lag unter dem ständigen Beschuss zahlreicher deutscher Artillerieeinheiten und es wurde mit allen Mitteln versucht, die Brücke zu zerstören. Dabei spielten die Schäden von der missglückten Schnellsprengung eine verschärfende Rolle. Die schwache Ludendorffbrücke war nicht nur ein logistisches Nadelöhr, sondern auch die Achillesferse des amerikanischen Brückenkopfes.

Kaum dass der Brückenkopf groß genug war, begannen amerikanische Pioniere nicht nur mit der Reparatur der Ludendorffbrücke, sondern auch mit dem Bau von Pontonbrücken. Parallel dazu setzten erbeutete deutsche Fähren, amerikanische Landungsboote und Panzerfähren Soldaten und schweres Gerät über den Rhein.

Fähre aus fünf Pontons mit Außenbordmotoren setzte M 26 Pershingpanzer von Remagen nach Erpel über. [2]

LCVP Landungsboote brachten Infanteristen über den Rhein. [2]

Drei Panzerfähren aus je fünf Pontons und mit Außenbordmotoren wurden ab dem 9. März vom 86. schweren Pionierpontonbataillon eingesetzt. Gleichzeitig nahm eine US Marineeinheit mit 24 LCVP Landungsbooten stromauf- und -abwärts von Remagen den Fährverkehr auf. Ein LCVP konnte 36 Soldaten oder 4 Tonnen über den Strom bringen.

Am 11. März morgens ab 7:00 Uhr rollten erste Fahrzeuge des III. US-Korps über eine sogenannte „Treadway"-Brücke, die in Verlängerung der Remagener Fährgasse von Soldaten des 291. Kampfpionierbataillons (ECB = Engineer Combat Battalion) unter

Während des Brückenbaus lag das Remagner Rheinufer unter ständigem deutschen Artilleriefeuer. [2]

Bild unten: Eine Treadway-Pontonbrücke zwischen Remagen und Erpel wurde am 11. März 1945 um 07:00 Uhr in Betrieb genommen. [2]

deutschem Artilleriebeschuss gebaut worden war. Am selben Tag ab Mitternacht stellte das 51. ECB eine schwere Pontonbrücke zwischen Kripp und Linz fertig.

Ab dem 12. März wurde die beschädigte Ludendorffbrücke für den Übersetzverkehr gesperrt, damit amerikanische Pioniere mit der Beseitigung der vielen Spreng- und Beschussschäden beginnen konnten.

Die 819. Amphibische Transportkompanie setzte ihre 2,5 to DUKWs ab dem 14. März als Fähren ein.

Bereits am 16. März wurde eine Pontonbrücke für das VII. Korps zwischen Rolandseck und Honnef an der Stelle, wo heute die Autofähre verkehrt, eröffnet.

Am 17. März war die Ludendorffbrücke ohne Feindeinwirkung eingestützt. einen Tag später konnte das VII. Korps seine zweite Schwimmbrücke bei Mehlem-Königswinter fertigstellen.

Die Pontonbrücke nach Linz, hinten Kripp. [2]

Die 1. US Armee verstärkte nun täglich ihre Truppen im rechtsrheinischen Brückenkopf, um einen Ausbruch vorzubereiten. Deshalb ließ das III. Korps in Verlängerung des Deichweges in Remagen am 20. März eine „Bailey"-Pontonbrücke vollenden.

Die erste Pontonbrücke des VII. Korps wurde am 16. März zwischen Rolandseck und Mehlem fertiggestellt. [2]

Die 1. Armee hatte zwischenzeitlich dem V. Korps die Kampfführung im südlichen Brückenkopf übertragen. Nach der Eroberung von Hönningen am 17. März 1945 schlugen Pioniere des 254. ECB die „Victor-Bridge" in Verlängerung der Rheinstraße von Niederbreisig ans Hönninger Ufer. Ab dem 22. März überquerten dort Soldaten und Gerat von drei Divisionen den Rhein.

Am 20. März 1945 konnte das III. Korps eine Baileybrücke in Remagen in Dienst stellen. [2]

Gewaltige Mengen an Soldaten, Kampffahrzeugen und Nachschubgütern gelangten in diesen Wochen zwischen Mehlem und Niederbreisig mittels Schwimmbrücken über den Rhein. Sie blieben bis weit in die Besatzungszeit hinein in Nutzung.

Für das V. Korps wurde die „Victorbridge" zwischen Niederbreisig und Hönningen am 22. März fertig. [2]

Vergebliche deutsche Gegenmaßnahmen

Für die Amerikaner war der Handstreich auf die Ludendorffbrücke ein militärischer Glücksfall, für das Deutsche Reich ein Unglück. Hitler tobte vor Wut und befahl, den alten Oberbefehlshaber (OB) West, Generalfeldmarschall Gerd von Rundstedt, durch den bisherigen OB Süd, Generalfeldmarschall Albert Kesselring, zu ersetzen. Darüber hinaus forderte er, dass wegen Remagen einige Köpfe rollen müssten und setzte das fliegende Standgericht West unter Generalleutnant Rudolf Hübner ein.

Von Links: Generalfeldmarschall (GFM) Walter Model, Oberbefehlshaber (OB) der Heeresgruppe B, GFM Albert Kesselring, neuer OB West und Generalleutnant Siegfried Westphal, Chef des Stabes konnten den Brückenkopf nicht beseitigen. [6]

Auf operativer Seite wurden in den folgenden Wochen alle Möglichkeiten versucht, den Schaden einzugrenzen.

Das Heer konzentrierte ab dem 9. März 1945 nach und nach alle noch verfügbaren **Panzer- und Infanterieverbände** bzw. Einheiten der Westfront am Brückenkopf. Es trafen ein:

1. Am 9. März 1945 die Reste der Panzerbrigade 106 „Feldherrnhalle“, die bei den Kämpfen um Bonn einen Teil ihrer Kampffahrzeuge verloren hatte. Sie verfügte nur noch über fünf Panzer und 100 Infanteristen.
2. Die Reste der 11. Panzerdivision, die nach verlustreichen Kämpfen am Niederrhein bei Düsseldorf den Rhein überquert und keinen Treibstoff mehr hatte. Sie traf ab dem 9. März abends mit ersten Teilen bei Kalenborn ein. Ihre Gefechtsstärke war auf 4000 Mann, 25 Panzer und 18 Geschütze abgesunken.
3. Die 9. Panzerdivision hatte beim Kampf um Köln wesentliche Teile verloren und kam am 10. März mit 15 Panzern, 600 Mann und 12 Geschützen an der Brückenkopffront an.
4. Die Panzerlehrdivision hatte bei den Kämpfen um den Brückenkopf Xanten-Wesel den größten Teil ihrer Kampfkraft eingebüßt und am 5./6. März über den Rhein gesetzt. Sie konnte nur

Ein Panther (Panzer V) der Panzerbrigade 106 Feldherrnhalle beim Kampf um Bonn. [6]

Abgeschossener Panther der 11. Panzerdivision bei Fernegierscheid nach dem gescheiterten Gegenangriff vom 23. März 1945. [2]

noch eine Kampfgruppe unter Major Hudel an den Remagener Brückenkopf schicken: 300 Mann und 15 Panzer.

5. Das Infanterieregiment 130 kam am 13. März in voller Stärke aus Dänemark an und wurde entgegen aller Erfahrung nicht geschlossen eingesetzt. Stattdessen wurden die Soldaten auf die stark geschwächten Infanteriedivisionen aufgeteilt.
6. Die schwere Panzerjägerabteilung 654 brachte noch etwa 15 Jagdpanther an den Nordostteil der Brückenkopffront.

Abgeschossener Jagdpanther der schweren Panzerjägerabteilung 654 bei Ginsterhahn am 13. März 1945, im Hintergrund ein amerikanischer Jagdpanzer M 36 mit 90 mm Bordkanone. [2]

7. Der Rest der schweren Panzerabteilung 506 – sieben Königstiger – kam erst am 22. März 1945 südlich der Sieg im Raum Weyerbusch dazu.
8. Zehn Jagdtiger der 2. Kompanie der schweren Panzerjägerabteilung 512 wurden erst am 20./21. März 1945 dem Kommando der 15. Armee unterstellt und zusammen mit den Resten von 654 und 506 südlich der Sieg „verheizt".

Ab dem 9. März war der frühere Kommandeur der Panzerlehrdivision, Generalleutnant Fritz Bayerlein, mit dem LIII. Korpskommando beauftragt, die Angriffe gegen den amerikanischen Brückenkopf zu führen.

Wegen Treibstoffmangels liegengebliebener Königstiger im Rechtsrheinischen. [2]

Die schweren Panzerkräfte wurden anfangs als „Panzergruppe Hudel" (benannt nach dem Major Helmut Hudel, Kommandeur Panzerlehrregiment 130), später von einem Brigadestab unter Generalleutnant Horst Freiherr von Buttlar-Brandenfels als „Panzerbrigade Buttlar" geführt.

In amerikanischen Berichten wird oft falsch behauptet, dass die Deutschen bei den begrenzten Gegenangriffen den Königstigerpanzer eingesetzt hätten. Die an der Brückenkopffront eingesetzten Panzerdivisionen waren aber mit dem Panzer IV und dem Panzer V (Panther) ausgestattet. Vermutlich wurde der Panther mit dem Königstiger verwechselt, weil beide das Schachtellaufwerk hatten. Königstiger der schweren Panzerabteilung 506 kamen erst ab dem 22. März bei Verzögerungsgefechten westlich Weyerbusch zum Einsatz.

Generalleutnant Fritz Bayerlein, Kommandierender General des LIII. Armeekorps, führte die Panzerangriffe gegen den amerikanischen Brückenkopf. [6]

Zurückgelassener Jagdtiger der 1. Kompanie der schweren Panzerjägerabteilung 512, die der Panzergruppe Hudel unterstellt war. [2]

Weil alle oben aufgezählten Formationen nur nach und nach eintrafen, konnten sie auch nicht geschlossen eingesetzt werden. Aus der Not heraus wurden sie unmittelbar zum Abriegeln von amerikanischen Angriffen oder für kleine Gegenangriffe verwendet. Erschwerend kamen natürlich der immerwährende Treibstoffmangel und die amerikanische Überlegenheit in der Luft und bei der Artillerie hinzu.

Bei der deutschen **Artillerie** war es ähnlich. Die am Brückenkopf eingesetzten deutschen Divisionen hatten teilweise ihre Divisionsartillerie über den Rhein retten können und in Stellung gebracht. Die Munition war sehr knapp und durfte nur mit Genehmigung verschossen werden.

Die Heeresgruppe B verlegte gleich nach dem Desaster von Remagen nicht unerhebliche Artillerieverbände und Einheiten zusätzlich dorthin. Das Volksartilleriekorps 388 schoss mit etwa 70% seiner Sollausstattung auf die Brücken und Brückenzufahrtsstraßen. Der Bau der ersten amerikanischen Pontonbrücken wurde empfindlich gestört, aber nicht verhindert. Bis etwa zum 10. März leiteten auch noch mindestens zwei vorgeschobene Artillerie-Beobachter (VB) mit direkter Sicht ins Zielgelände das Artilleriefeuer auf die Brücken. Dann mussten die VB-Stellungen wegen des Vorrückens amerikanischer Infanterie aufgegeben werden.

Kurzzeitig hat auch die Volkswerferbrigade 4 mit ihren neun Batterien und guter Munitionsausstattung den Feuerkampf unterstützt.

Für ein weitreichendes Eisenbahngeschütz vom Typ K5 der Heeresgeschützbatterie 688 (E) konnte offenbar kein geeignetes Gleisstück mit naheliegendem Tunnel im Westerwald gefunden werden, um von dort die Ludendorffbrücke beschießen zu können. Diese umkalibrierte Kanone hatte ein Kaliber von 31 cm und eine Schussweite von über 60 km.

Ein anderes Unikum kam jedoch zum Schuss auf Remagen: Das Gerät „041“, auch Karl-Geschütz genannt, war ein 54 cm Mörser mit 710 cm Rohrlänge und einer Schussweite von maximal 10,5 km. Der Mörser war eine Selbstfahrlafette und nur auf kurzen Strecken selbst beweglich. Ansonsten wurde das Gerät im Bahntransport auf zwei fünfachsigen Drehgestellen transportiert. Aus dem Wiedtal verschoss „Karl“ vierzehn 1580 kg schwere Granaten erfolglos auf die Brücke. Beim Eisenbahnrückzug fiel der Mörser den Amerikanern im Westerwald in die Hände.

Leichte Feldhaubitze 18 im Kaliber 10,5 cm, Hauptausstattung der Divisionsartillerie. [6]

Mit dieser schweren Feldhaubitze 18 (15 cm) war eine Abteilung der Divisionsartillerie ausgerüstet. [6]

15 cm Raketenwerfer mit sechs Rohren. [6]

Schwerer 21 cm Mörser 18 der Korps- oder Armeeartillerieabteilungen. [6]

Einschlag einer schweren Artilleriegranate nahe bei der Brücke. [2]

Gerät „041", ein 54 cm Mörser auf der Eisenbahnstrecke unterhalb der Burgruine Reichenstein bei Puderbach, der beim Rückzug liegengeblieben war. [2]

Die deutsche **Luftwaffe** flog in der Zeit vom 7. bis 21. März 1945 ca. 427 Einsätze gegen die Brücken bei Remagen. Aus dem Westerwald starteten von den Plätzen Breitscheid, Lippe und Ailertchen (?) die inzwischen veralteten Sturzkampfbomber Junkers Ju 87 der Nachtschlachtgruppe (NSG) 2 gegen Remagen zu 54 Einsätzen (1 Verlust). Die NSG 1mit Basis in Kirchhellen hatte bei 15 Ju 87-Einsätzen 5 Totalverluste. Die NSG 20 griff vom holländischen Fliegerhorst Twente aus an und die unterstellte 11. Staffel, ausgestattet mit Focke Wulf 190 / F8, des Kampfgeschwaders 200 verlegte für die Angriffe nach Frankfurt Rhein-Main.

Luftwaffeneinsätze gegen die Ziele bei Remagen:

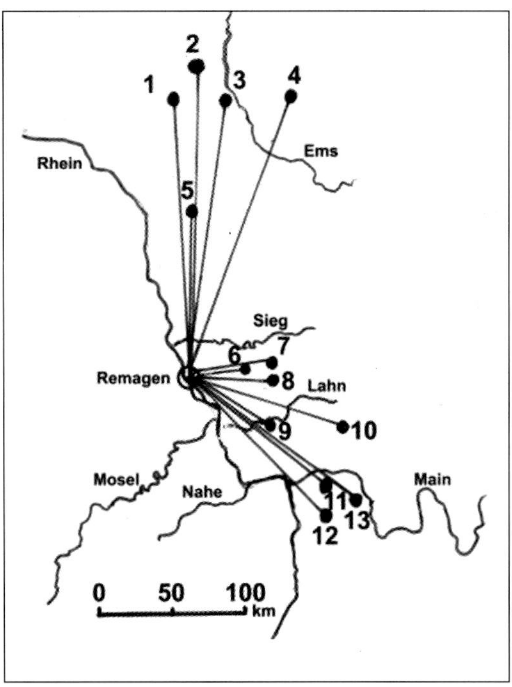

	Von	durch	mit Typ	üb
1	Twente	NSG 20	Fw 190	19
2	Hesepe	KG 51	Me 262	21
3	Rheine	KG 51	Me 262	19
4	Achmer	III./ JG 76	Ar 234	20
5	Kirchhellen	NSG 1	Ju 87	11
6	Ailertchen	NSG 2	Ju 87	5
7	Lippe	NSG 2	Ju 87	6
8	Breitscheid	NSG 2	Ju 87	6
9	Limburg-Linter	diverse	Me 109 und Fw 189	6
10	Nidda	JG 2	Fw 190 und Me 109	10
11	Frankfurt-M.	JG 53	Fw 190	11
		11./ KG 200	Fw 190	
12	Darmstadt	JG 53	Fw 190	13
13	Babenhausen	JG 2	Fw 190 und Me 109	13

NSG= Nachtschlachtgruppe
KG = Kampfgeschwader
JG = Jagdgeschwader

III./ = Gruppe
11./ = Staffel

Focke Wulf Fw 190 Jagdbomber mit 500 kg SC-Bombe. [6]

Bild unten: Me 262 mit je zwei 250kg-Bomben beim Start [6]

Aus Achmer starteten die Arado 234 Schnellbomber der III. Gruppe des Jagdgeschwaders 76. Das Kampfgeschwader 51 brachte ihre Me 262 von Rheine und das Jagdgeschwader 2 seine Focke Wulf 190 / D9 von Babenhausen und Nidda zum Einsatz. Dieses Geschwader trug in der Zeit vom 8. bis 13. März die Hauptlast der Angriffe und flog ca. 170 Einsätze bei 17 Verlusten. Das Jagdgeschwader 53 verlegte für seine Angriffe auf die Plätze Rhein-Main und Darmstadt. Aufklärungsflüge wurden u.a. vom Platz Limburg-Linter durchgeführt.

Die Nachteinsätze erfolgten mit Funkfeuerführung (Egonführung) und über Funkmessgeräte. Die Brücke wurde mehrmals von Bomben getroffen, aber nicht zerstört. Immerhin haben sie die Konstruktion weiter geschwächt.

Am Nachmittag des 17. März brach die Ludendorffbrücke in sich zusammen. Ursache waren wohl die Schäden durch die Schnellsprengung und die Treffer von Artillerie und Bomben. Danach gingen die Luftangriffe stark zurück, u.a. weil die beteiligten Fliegerdivisionen 14 und 16 die Schwerpunkte ihrer Angriffe auf die Räume Wesel (Rheinübergang der 12. alliierten Heeresgruppe) und Kreuznach/Oppenheim (Rheinübergang der 3. US-Armee) verlegen mussten. Hinzu kam der Mangel an Flugbenzin.

Als Bilanz der deutschen Luftangriffe registrierten die Amerikaner für die Zeit vom 7. – 14. März 372 deutsche Einsätze und ca. 80 Abschüsse. Deutsche Quellen vermerken realistische 46 Totalverluste durch amerikanische Fliegerabwehrartillerie und Jagdflugzeuge. (Quelle: u.a. Meldungen des Luftwaffenführungsstabes I/c, PRO (engl. Übersetzung)

Arado Ar 234 Düsenschnellbomber. [6]

Auch die **Kriegsmarine** versuchte mit Spezialkräften, die Brücken bei Remagen zu zerstören:

Am 9. März versuchte eine Einsatzgruppe „PUMA“ bei Hönningen ein Kleinst-U-Boot „Biber“ mit Torpedominen TMC zu Wasser zu bringen. Wegen fehlender Unterstützung konnte das Vorhaben aber nicht durchgeführt werden. Dabei waren in Hönningen viele Pioniere stationiert. Doch aus Geheimhaltungsgründen wusste niemand von diesem Unternehmen.

Kommando „Puma“ mit: 9,6 to Einmann-U-Boot Biber, hier mit zwei Torpedos. Für die Ludendorffbrücke wären zwei Torpedominen TMC I transportiert worden. [6]

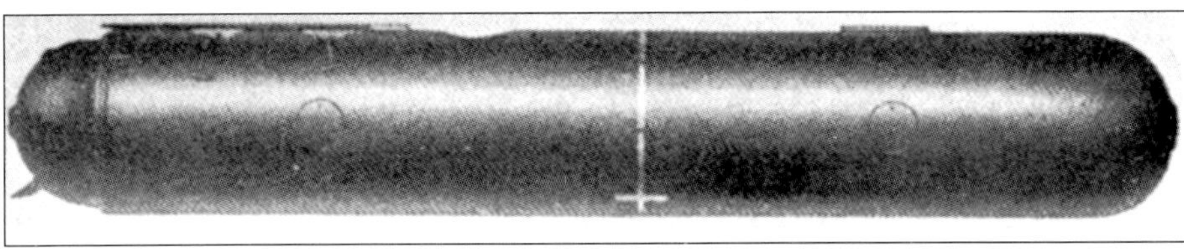

Torpedomine TMC I. Länge: 338,5 cm; Durchmesser: 53,25 cm; Gewicht: 1115 kg; Sprengstoff: 935 kg [6]

Das Zuwasserlassen sollte am Tag darauf erneut versucht werden. Die Pioniere waren jedoch inzwischen abgezogen und das Grenadier-Regiment 980 dorthin gekommen. Weil die Marineleute keine schriftlichen Befehle vorweisen konnten, wurde am 11. März der Marineeinsatzleiter mehrere Stunden festgehalten, bis die Lage geklärt werden konnte. Iinzwischen hatten die Amerikaner aber das Westufer in Niederbreisig besetzt. Infolgedessen musste das Vorhaben in Hönningen abgeblasen werden.

Die Einsatzgruppe Puma versuchte am 12. März abends, die sechs Torpedominen und „Biber“ bei Leutesdorf zu Wasser zu bringen, um sie mit 12 Kampfschwimmern an die Brücken begleiten zu lassen. Beim Transport dorthin blieben die Lastkraftwagen an Hindernissen auf dem Zufahrtsweg hängen. Die Kolonne wurde von den Amerikanern auf dem anderen Rheinufer aufgeklärt und sofort unter Artilleriefeuer genommen.

Am späten Abend des 18. März gingen sieben SS-Kampfschwimmer, bepackt mit 3 kg Plastiksprengstoffpäckchen, im Schutz der Insel Hammerstein ins nur 8 Grad kalte Wasser. Sie sollten die Minennetze überwinden und die Pionierbrücken zerstören. Keiner der Männer konnte den Auftrag erfüllen, da die Amerikaner wachsam waren und fast alle Schwimmer entdeckten.

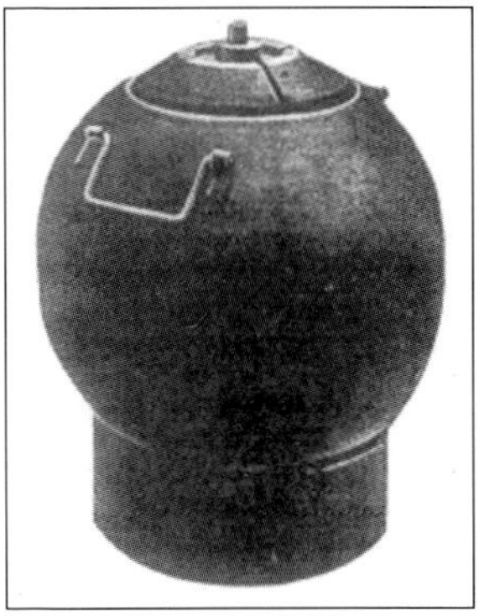

Kugeltreibmine 41; Höhe: 48,5 cm; Durchmesser: 38 cm; Gewicht: 32 kg; Sprengstoff: 12 kg. [6]

Bild rechts: Gefangen genommene SS-Kampfschwimmer des Kommandos „Helmers". Sie waren am 18. März 1945 um 21:15 Uhr ins nur 8 Grad warme Rheinwasser gestiegen, um mit 3 kg „Plastit"- Sprengladungen die mehr als 12 km stromabwärts liegenden Pontonbrücken zu zerstören. [2]

In der Nacht vom 19. auf den 20. März sollten 63 Kugeltreibminen bei der Hubertusburg oberhalb von Hammerstein ins Wasser gebracht und von Marinekampfschwimmern an die Brücken gebracht werden. Das Unternehmen wurde im letzten Moment von einer amerikanischen Kampfgruppe vereitelt, die auf der Reichsstraße 42 von Hammerstein nach Leutesdorf vorstieß.

Eine Sonderformation des Heeres, die SS-Werferabteilung 500, schoss am 17. März 1945 elf ihrer **„Fernraketen"** V2 auf den Raum Remagen. Hierbei handelte es sich um den einzigen taktischen Einsatz der Rakete, die sonst als Terrorwaffe gegen die Städte London, Antwerpen u.a. „Vergeltung" gebracht hat. Das zukunftsweisende Waffensystem war aber keine Punktwaffe, weil es zu dieser Zeit noch keine genauen elektronischen Zielführungssysteme gab. Aus dem Feuerstellungsraum nordwestlich von Hellendoorn bei Deventer in Holland waren es bis ins Zielgebiet knapp 200 Kilometer. Die Raketeneinschläge sind von amerikanischem Radar und Luftraumbeobachtern erfasst worden. Die Ludendorffbrücke, die an diesem Nachmittag einstürzte, erhielt keinen Treffer. Vielmehr wurden Remagen und die Dörfer Oedingen und Nierendorf getroffen. Sowohl deutsche Zivilisten als auch amerikanische Soldaten kamen dort zu Tode.

Bild links: Startende V2-Rakete.
Am 17. März 1945 wurden vom holländischen Hellendoorn elf dieser neuartigen Fernwaffen auf Remagen abgeschossen, alle verfehlten das Ziel. [12]

Foto rechts: Die Ludendorffbrücke war in ihrer Struktur durch die missglückte Sprengung, Bomben- und Artillerietreffer stark geschwächt. Am Nachmittag des 17. März 1945 stürzte sie ohne aktuelle Waffeneinwirkung in sich zusammen und brachte 30 amerikanischen Soldaten den Tod. [2]

Unrechtsurteile gegen deutsche Offiziere

Am 9. März 1945, zwei Tage nach dem Verlust der Ludendorffbrücke, befahl Adolf Hitler in Berlin die sofortige Bildung eines fliegenden Standgerichts, das nur ihm verantwortlich war. Der wörtliche Erlass hierzu:

1. Es wird sofort ein „Fliegendes Standgericht“ errichtet.
2. Das Gericht untersteht mir unmittelbar und erhält Aufträge von mir.
3. Gerichtsherr ist der dienstälteste Offizier des Gerichts. Er leitet die Ermittlungen und führt nach seinem Ermessen den Vorsitz in der Hauptverhandlung.
4. Das Fliegende Standgericht ist zuständig für strafbare Handlungen von Angehörigen aller Wehrmachtsteile und der Waffen SS ohne Unterschied des Ranges. Der Gerichtsherr kann außerdem jede strafbare Handlung unter Meldung an mich an sich ziehen, auch wenn schon ein Verfahren schwebt.
5. Der Gerichtsherr hat bei allen Urteilen des Gerichts das uneingeschränkte Bestätigungsrecht. Er trifft die Vollstreckungsentscheidung.
6. In Sachen von ganz besonderer Bedeutung kann der Gerichtsherr vor der Entscheidung über die Bestätigung meine Weisung einholen.
7. Das Gnadenrecht entfällt.
8. Alle Dienststellen haben dem Gericht jede Unterstützung zu leisten.

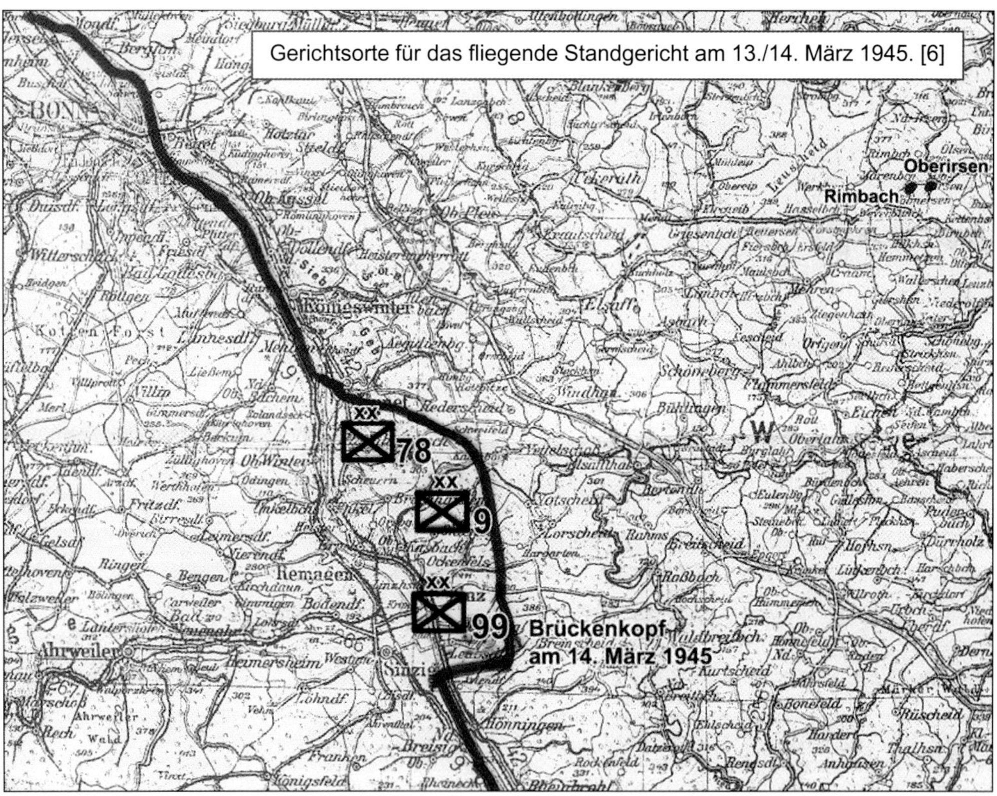

Gerichtsorte für das fliegende Standgericht am 13./14. März 1945. [6]

Die Bildung dieses Gerichts war Ergebnis des abgrundtiefen Misstrauens, das Hitler gegenüber der Wehrmachtsjustiz empfunden hat.

Zum Vorsitzenden wurde Generalleutnant Rudolf Hübner bestimmt, als Beisitzer Oberstleutnant Anton Ehrnsperger und Oberstleutnant der Reserve Paul Penth.

Das Standgericht tagte vom 11. bis 14. März 1945 in den Dörfern Rimbach und Oberirsen im Westerwald. Vernehmungen fanden aber auch an anderen Orten statt. Am 12. März wurde gegen die Hauptleute Bratge und Friesenhahn verhandelt, die bereits in amerikanischer Kriegsgefangenschaft waren. Bratge wurde in Abwesenheit zu Tode verurteilt, Friesenhahn freigesprochen.

Gegen den Major Scheller und Oberleutnant Peters wurde am Vormittag des 13. März verhandelt. Beide wurden zum Tode verurteilt und noch am selben Vormittag in einem Waldstück westlich von Rimbach hingerichtet. An diesem Nachmittag begannen die Verhandlungen gegen die Majore Kraft und Strobel. Das Gericht verlegte auch nach Oberirsen. Dort wurden die Verfahren am Morgen des 14. fortgesetzt und ebenfalls mit Todesurteilen abgeschlossen. Die Urteile sind in der Mittagszeit vollstreckt worden.

Major Hans Scheller, IIa-Offizier des LXVII. Armeekorps und ab Mittag des 7. März 1945 Kampfkommandant von Remagen, geboren am 9.1.1913, hingerichtet am 13.3.1945. [1]

Oberleutnant Karl-Heinz Peters, Batteriechef 3 / FlaLuVAbt. 900, geboren am 6.7.1915, hingerichtet am 13.3.1945. [1]

Am 18. März wurde im Wehrmachtsbericht verbreitet: .....

„Das Oberkommando der Wehrmacht gibt ferner bekannt: Durch Standgericht wurden der Major Strobel von einem Pionierregimentsstab, der Major Scheller, Adjudant eines Armeekorps, der Major Kraft von einem Landespionierbataillon, der Oberleutnant Peters, Führer der zum Schutz der Rheinbrücke Remagen eingesetzten Flakkräfte, und in Abwesenheit der Hauptmann Bratge, Kampfkommandant von Remagen, teils wegen Feigheit, teils wegen schwerer Dienstpflichtverletzung im Felde zum Tode verurteilt, weil sie es fahrlässig unterlassen haben, die Rheinbrücke bei Remagen rechtzeitig zu sprengen oder entschlossen zu verteidigen. Die Urteile an Strobel, Scheller, Kraft und Peters wurden sofort vollstreckt“

Diese Verurteilungen haben Offiziere zu Feiglingen oder Versagern gestempelt, die Opfer eines Zusammentreffens vieler unglücklicher Ereignisse geworden sind.

Major der Reserve Herbert Strobel, Kommandeur Pionierregimentsstab 51, geboren am 18.1.1896, hingerichtet am 14.3.1945. [1]

Schließlich war im März 1945 aufgrund der oben beschriebenen vielfältigen Mängel eine sichere Entscheidung für eine geordnete Gefechtsführung nicht mehr möglich.

Die deutsche Nachkriegsjustiz hat leider sehr lange gebraucht, um zumindest das Unrechtsurteil gegen den hingerichteten Major Hans Scheller zu revidieren. Erst am 2. Februar 1967 wurde er am Landgericht Landshut freigesprochen und seine Ehre wiederhergestellt.

Der unsinnige Kampf ist für diese Landser zu Ende, sie haben den Krieg überlebt. [2]

Major der Reserve August Kraft, Kommandeur III. Bataillon des Landespionierregiments 12, geboren am 10.5.1891, hingerichtet am 14.3.1945. [1]

Währenddessen wurden deutsche Kriegsgefangene gleichzeitig mit Verwundeten auf das Westufer geführt. [2]

Amerikanischer Ausbruch aus dem Brückenkopf und das Ende

Ursprünglich war von General Eisenhower geplant, dass Feldmarschall Montgomery mit seiner 21. Heeresgruppe, zu der auch die 9. US Armee gehörte, am 23. März 1945 und als erster den Angriff über den Niederrhein starten sollte.

Montgomery sammelte monatelang Truppen und Nachschubgüter, Artillerie und Übersetzmittel, um diese letzte Offensive erfolgreich beenden zu können. Er träumte davon, als strahlender Sieger und an der Spitze seiner Panzerverbände vor den Russen nach Berlin einmarschieren zu können.

Das Wunder von Remagen und General Patton machten ihm jedoch einen Strich durch die Rechnung. „Monti" hatte zwar über seinen Premier Winston Churchill eine zeitweise Beschränkung des amerikanischen Vormarsches im US-Brückenkopf ostwärts von Remagen bewirkt. Er konnte aber nicht verhindern, dass General Patton mit seiner 3. Armee einen Tag vor seinem eigenen Rheinübergang in einer Nacht- und Nebelaktion den Rhein bei Oppenheim überschritt.

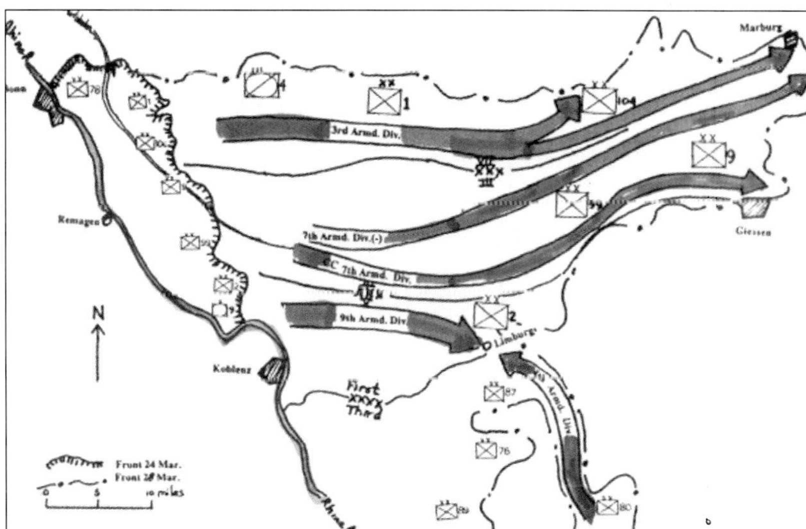

Ausbruch der 1. US Armee aus dem Brückenkopf vom 24. bis 28. März 1945. [9]

Die 1. Armee hatte Mitte März umgruppiert und brach vor Tagesbeginn des 25. März aus dem rechtsrheinischen Brückenkopf aus. Die 9. US Armee umschloss das Ruhrgebiet von Norden, und die 1. Armee von Süden. Am 1. April 1945 trafen sich mit der 2. und 3. US Panzerdivision die Spitzen dieser Stoßkeile bei Lippstadt. Ein Kessel war geschlossen und der größte Teil der deutschen Heeresgruppe B sowie südliche Teile der Heeresgruppe H waren eingeschlossen.

Die Rheinfront zwischen Duisburg und Bonn wurde dabei von der neu aufgestellten 15. US-Armee gesichert. Als die Kämpfe Mitte April zu Ende gingen, gerieten im sogenannten „Ruhrkessel" etwa 320.000 deutsche Soldaten in westalliierte Kriegsgefangen-

Sonder-Ausgabe 9. Mai 1945

Die Mitteilungen

ALLIIERTES NACHRICHTENBLATT

DER ALLIIERTEN 6. HEERESGRUPPE FÜR DIE DEUTSCHE ZIVILBEVÖLKERUNG

Kapitulation!

Das OKW unterzeichnet die bedingungslose Übergabe

Truman, Churchill, Stalin und de Gaulle verkünden Freudenbotschaft vom Triumph über das besiegte Deutschland Nach der vorläufigen Übergabe in General Eisenhowers Hauptquartier wird die endgültige Kapitulation der gesamten Wehrmacht in Europa in Berlin von den Alliierten und Deutschen unterzeichnet

Das Dritte Reich brach gestern zusammen, und der von Hitler entfachte Krieg endete mit der vernichtenden Niederlage der Wehrmacht durch die Hammerschläge der Alliierten.

Sämtliche deutschen Streitkräfte ergaben sich bedingungslos Montag morgen um 2.41 Uhr den Alliierten.

Der Krieg endete offiziell heute morgen um eine Minute nach Mitternacht.

Die Kapitulation aller deutschen Armeen erfolgte vor Vertretern der Vereinigten Staaten, Großbritanniens, der Sowjetunion und Frankreichs in dem in der französischen Stadt Reims gelegenen roten Schulhaus, wo General Dwight D. Eisenhower der oberste alliierte Befehlshaber, sein Hauptquartier aufgeschlagen hat.

General Bedell Smith, der der Generalstabschef des obersten alliierten Befehlshabers ist, unterzeichnete für Großbritannien und die Vereinigten Staaten, General Susloparow zeichnete für die Sowjet-Union und General François Sevez für Frankreich.

Die endgültige Unterzeichnung der bedingungslosen Kapitulationsdokumente findet in Berlin zwischen den Alliierten und Deutschen statt.

Die Wegbereiter des großen alliierten Sieges

Marschall Joseph Stalin | Winston Churchill | Franklin D. Roosevelt | Präsident Harry S. Truman | General Charles de Gaulle

schaft. Eine deutsche Westfront gab es nicht mehr. Bis auf einzelne Verzögerungsgefechte – teils bis zum letzten Mann – war ernsthafter Widerstand im Westen erloschen. Die Reste geschlagener Verbände und Einheiten ließen sich bis zur Kapitulation der Deutschen Wehrmacht am 8. Mai nach Osten, Norden und Süden treiben.

Dann wurden die Ergebnisse der Konferenz von Jalta im Februar 1945 umgesetzt. Bis Ende Juni 1945 räumten die alliierten Armeen zuvor besetzte Gebiete, falls diese im zukünftigen Sektor eines anderen Alliierten lagen. Das besiegte Deutsche Reich wurde in vier Besatzungszonen aufgeteilt und unter Militärverwaltung gestellt.

Die Bilanz des vom Deutschen Reich entfesselten II. Weltkriegs sind nicht nur die mehr als 50 Millionen Tote, sondern millionenfache Beschädigungen an Seele und Körper. Die Kriegskosten und die Kriegsschäden wirkten viele Jahrzehnte nach. Entwurzelungen und Vertreibungen sowie die Teilung Europas belasteten noch lange die Menschen.

Bild unten links: Die eingestürzte Ludendorffbrücke und im Vordergrund die Nordspitze des Rheinwiesenlagers „Goldene Meile“. [5]
Bild unten: Frontlage am 1. April 1945: der „Ruhrkessel“ war bei Paderborn geschlossen. Die 1. Armee hatte Eisenach erreicht. Quelle: Nachrichten für die Truppe, Nr. 351 vom 2. April 1945

„Was ist also aus der Geschichte zu lernen?
Das Wichtigste könnte sein, dass der Mensch bleibt was er immer war: Ein gefährliches Wesen, das wir nur in den Grenzen einer rechtlichen Ordnung zivilisieren können. Durch eine Zivilisation, die immer auch die Kraft und den Mut haben muss, sich gegen populistische Strömungen zu stellen und dem Recht zur Herrschaft zu verhelfen.
Wir müssen lernen, dass alles Gute zwar mit Freiheit beginnt, dass aber diese Freiheit, dieses Recht zur Selbstverwirklichung, niemals zu einem Anspruch auf Ausbeutung oder Unterwerfung anderer ausarten darf.
Deswegen lebt eine freie Gesellschaft vom Kompromiss!
Aus der Geschichte lernen, heißt auch persönlich von denjenigen lernen, die unter gefährlichen Umständen Mut für die Zukunft zeigten."

Klaus von Dohnanyi am 18. März 2005 in der Rhein-Zeitung, Koblenz

Bildquellen sind in eckiger Klammer gekennzeichnet

[1] Friedensmuseum, Remagen
[2] US Signal Corps
[3] US Air Force
[4] BA-MA, Bundesarchiv- Militärarchiv, Freiburg
[5] National Archives, College Park,USA
[6] Archiv des Autors, Autor

Literaturnachweis

78th Infantry Divison, 78th Infantry Division Association, Paducah, KY, 1987
99th Division Battle Babies, by Maj.Gen. Walter E. Lauer, Indiana, Pennsylvania, 1951
99th Infantry Division Dauntless, ohne weitere Angaben
After Action Report of CCB, 9th Armored Division, The National Archives at College Park, Maryland, USA
[7] **British and American Tanks of WW II**, Peter Chamberlain and Chris Ellis, London 2004
Das Ende am Rhein, Wolfgang Gückelhorn, Aachen, 2005
Lightning- The History of the 78th Infantry Division, Washington, 1973
[8] **Remagen 1945**, Das Unglück der Brücke von Remagen am 7.3.45. Hans von Ahlfen, Generalmajor a.D., Beitrag im Vierteljahresheft Pioniere, Heft 1/1965
Remagen 1945, Endgame against the Third Reich, Steven J. Zagola, Botley-Oxford GB, 2006
Remagen Bridge, Ian Kemp, Bournemouth GB, 2006
Remagen im März 1945, Lothar Brüne und Jakob Weiler, Meckenheim, 1994
[9] **Remagen-Springboard to Victory, 9th U.S.Infantry Division**, by Henry Gerard Phillips, Penn Valley CA, ohne Jahr
Rhine Crossing-Remagen Bridge, Andrew Rawson, Barnsley GB, 2004
[10] **So war es wirklich im Brückenkopf Remagen**, Willi Bratge / Manfred Michler, Köln, 1954
The Bridge at Remagen, Ken Hechler, New York USA, 2005
[11] **The Last Offensive**, United States Army in World War II, The European Theater of Operations, Charles B. MacDonald, Washington, D.C. 1973
US Armored Divisions, The European Theater of Operations, 1944-45, Steven J. Zagola, Botley-Oxford GB, 2004
[12] **V2 – gefrorene Blitze**, Wolfgang Gückelhorn und Detlev Paul, Aachen 2007
[13] **World War II Order Of Battle US Army- Ground Force Units**, Shelby L. Shelton, Mechanicsburg, PA, 1984

Anschrift des Autors:
Wolfgang Gückelhorn, Weinbergweg 8, D-53498 Bad Breisig, Tel.Nr: 02633-96620

Bücher von Wolfgang Gückelhorn:

Gückelhorn, Wolfgang

Archäologie des II. Weltkrieges am Mittelrhein
Bodendenkmäler, Bauten und Ruinen erinnern

120 Seiten, fest gebunden, 73 Karten, 386 Fotos/Abbildungen, Großformat, 23 x 28 cm; ISBN 978-3-938208-58-8;

26,80 €

Gückelhorn, Wolfgang

Lager Rebstock
Geheimer Rüstungsbetrieb in Eisenbahntunnels der Eifel für V 2 Bodenanlagen

112 Seiten, fest gebunden mit Schutzumschlag, 154 Abb., 29 x 24 cm; ISBN 3-938208-30-9;

26,80 €

Gückelhorn, Wolfgang / Paul, Detlev

V2 gefrorene Blitze
Einsatzgeschichte der V2 aus Eifel, Hunsrück und Westerwald 1944/45

224 Seiten, fest gebunden mit Schutzumschlag, 398 Fotos/Abbildungen, 64 Zeichnungen, 75 Tabellen, Großformat, 28 x 23 cm; ISBN 978-3-938208-43-4;

34,00 €

Gückelhorn, Wolfgang / Paul, Detlev

V1 - „Eifelschreck"
Abschüsse, Abstürze und Einschläge der fliegenden Bombe aus der Eifel und dem Rechtsrheinischen 1944/45

208 Seiten, gebunden mit Schutzumschlag, 232 Fotos, 72 Zeichnungen, 80 Tabellen, 22,5 x 28 cm; ISBN 3-933608-94-5;

32,50 €

Gückelhorn, Wolfgang

Das Ende am Rhein
Kriegsende zwischen Remagen und Andernach

160 Seiten, gebunden, 189 Abbildungen, 23,5 x 28,5 cm; ISBN 3-938208-06-6;

29,70 €

Gückelhorn, Wolfgang

Die Geschichte des Bonner Regierungsbunkers im Ahrtal
Bau - Nutzung - Rückbau 1915-2007

64 Seiten, Hardcover, fest gebunden, 70 Abbildungen, 23 x 16 cm; ISBN 978-3-938208-45-8;

9,90 €

Helios Verlags- und Buchvertriebsgesellschaft
Postfach 39 01 12, 52039 Aachen
Telefon: 0241-55 54 26 - Fax: 0241-55 84 93
eMail: Helios-Verlag@t-online.de; www.helios-verlag.de
versandkostenfreie Auslieferung innerhalb Deutschlands